AIを超えた
ひらめきを生む
問題解決
1枚思考

大嶋祥誉 Oshima Sachiyo

三笠書房

はじめに——一生モノの「問題解決力」が、仕事と人生に変革を起こす！

人生は問題解決の連続です。仕事でもプライベートでも、まるで陸上競技のハードル競走のように、次々と障害（問題）が湧き上がり、行く手を阻《はば》もうとします。

これをどうにか乗り越えなければ、人生を切り拓《ひら》いていくことはできません。

本書は、**これらの問題をスムーズに解決に導くための思考法**をお伝えする本です。

私はこれまで、コンサルティングの現場や企業研修の場で、問題解決がうまくいかずに悩む人をたくさん見てきました。実は、問題解決がうまくいかないのは、すぐに解決しようとするからです。**問題の本質がどこにあるかを解き明かす前に、思いつきの解決策を実行してしまうがゆえに、的外《まとはず》れになるパターンがとても多い**のです。

こういうとき、誰もが問題の本質にさかのぼって適切な解決策を導ける、再現性の高い〝型〟のようなものができないか……。そう考えていたところ、紙1枚に問題解決のステップを落とし込むという手法に行き着きました。それを具現化したのが、これからご紹介する**「問題解決1枚シート®」**です。

「問題解決1枚シート」は**問題解決を5つのステップに分け**、順を追って記入することで、問題の本質に迫り、解決に導くフレームワークです。その特徴として、**紙1枚で過去と現在、そして「自分はどうなりたいか」という未来まで俯瞰できる**こと。また、**手書きで記入することで思考が深まり、**最後に**「何から始めるか」を記入することで、実行力が高まる**仕掛けになっている点も見逃せないポイントです。

実際にシートを活用した人からは「問題が簡単に解決できるようになった」「自信を持って業務を進められるようになった」「プライベートでも使える」といった声が上がっています。シートは一人だけでなく、ペアやチームで使うこともできるので、職場や家庭の問題解決にも、ぜひ活用してみてください。

昨今、生成系ＡＩの活用が大きなトピックとなっています。もちろんＡＩを活用することも重要ですが、人間には**経験をつなぎ合わせて思いもよらない発想を生みだす力**があります。「問題解決1枚シート」は、ＡＩを超えたそんなひらめきを引きだすツールでもあります。本書をきっかけに、読者の皆さんが問題解決の「高揚感・爽快感」を体感し、仕事と人生の変革を起こすことを願っています。

AIを超えたひらめきを生む　問題解決1枚思考◆もくじ

第1章　すべての仕事は「問題解決」である

第2章 ビジネスに不可欠な「問題解決思考」

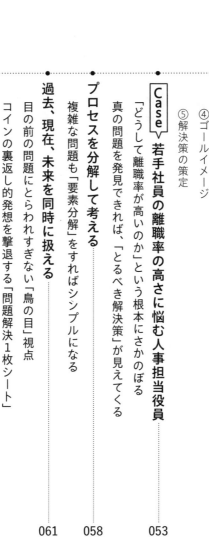

第3章

「問題解決1枚シート」はこう使う

第5章

人生が豊かになる「問題解決1枚思考」

編集協力　渡辺稔大
本文デザイン・DTP　佐藤純、伊延あづさ（アスラン編集スタジオ）
イラスト　吉村堂（アスラン編集スタジオ）

The 1 Sheet Thinking of Problem Solving

第1章

すべての仕事は「問題解決」である

「問題解決力」は社会人の必須スキル

あなたは今、どんなことに悩んでいますか？


「商品やサービスが売れない」

「業務改善が進まず、残業が減らない」

「上司や同僚との人間関係がうまくいかない」


仕事をしている中で、きっといろいろな問題を抱えていると思います。

仕事に限らず、プライベートでも夫婦関係や子どもの教育、親の介護など、悩みは尽きることがありません。

みんな目の前の問題を解決しようと必死で考えたり、考えた方法を行動に移したりしています。けれども、結局はうまくいかず、ますます悩みが深まるという悪循環に陥っている人が多いのではないでしょうか。

そういう私自身も、かつては悩みを抱えて途方に暮れることがたびたびありました。
私は、マッキンゼーに入社した当初からバリバリ成果を出せたわけではありません。周りは超天才ですごい仕事をする人ばかり。先輩や上司のプロフェッショナルな仕事に圧倒され、「自分はダメかもしれない」と落ち込んでいました。

しかし、そんな私にマッキンゼーの先輩方は、問題解決に必要なスキルやマインドセットを徹底的に叩き込んでくれたのです。

どんな問題にも対応できる「思考法」を身につける

マッキンゼーは世界中の会社や組織が抱えている「正解がわからない問題」に向き合い、解決に導いてきた会社です。

問題の中身は会社によって異なっており、当事者ですら問題の全容を把握していない、どうして問題になっているのかを把握していないケースも多々あります。

そんな難しい問題と向き合い、根気強く調査・分析を繰り返し、適切な解決策を導きだすのがマッキンゼーの仕事です。

厳しい環境の中で、私はクライアントの問題解決に心血を注いできました。そして気がつけば、どんな問題に直面しても焦ったりうろたえたりすることなく、解決に向けて思考できるようになっていたのです。

問題解決のスキルとマインドセットを身につけ、数々のクライアントの問題を解決する中で確信したことがあります。**問題解決力こそ社会人が持つべき必須のスキルであり、最強のスキル**だということです。

最初にお話ししたように、仕事やプライベートでは次々と難題が降りかかってきます。それを解決しないことには成果を出すことができませんし、次のステージに進むこともできません。

しかも、今は変化が激しい時代であり、問題はますます複雑化しています。

「なんとなくやってみたら解決した」「過去と同じやり方でうまくいった」ということが現実には起きにくくなっています。

大切なのは、どんな問題にも対応できる「思考法」を身につけることです。基礎的な思考法を身につけておけば、複雑な問題に直面しても、解決に向けた道筋を見つけだすことができます。

実は私自身、どちらかと言うと非ロジカルで直感的に思考するタイプの人間です。そんな私がコンサルタント、エグゼクティブ・コーチとして企業の問題を解決したり、個人のアドバイスを行ったりできるのは、問題解決の思考法が体に染みついているからにほかなりません。

私でも問題解決ができるようになったのですから、あなたも同じ思考法を身につければ、確実に問題解決ができるようになるはずです。

この本では、問題解決の具体的な方法について、順を追ってお話ししていくことにしましょう。

ビジネスとは誰かの問題を解決すること

先ほど、「仕事やプライベートでは次々と難題が降りかかってくる」と言いましたが、そもそも仕事とは誰かの問題を解決することです。つまり、**問題解決こそが仕事の本質**なのです。

会社で働く人たちは、毎日の仕事を通じてお客様の問題や上司の問題を解決しています。

組織に属していないアーティストやフリーランスの人たちも、クライアントの要望に応えるかたちでアウトプットをしています。結局は、クライアントのために問題解決を行っているわけです。

私たちは誰かが抱えている問題を明らかにして、それを解決することで、仕事の成果を認めてもらうことができます。

誰かの問題を解決することは、**「バリューを提供する」**という言葉に言い換えることができるでしょう。

バリューとは文字通り「価値」という意味であり、もっと平たく言うと「メリット」です。

たとえば、スターバックスは「サードプレイス」という概念を提案することで、日本におけるブランドを確立しました。サードプレイスとは、自宅（第一の場所）でも職場（第二の場所）でもない第三のリラックスできる居心地のよい場所のこと。単に美味しいコーヒーが飲めるだけでなく、居心地のよい空間を提供することが、スターバックスという企業のバリューなのです。

問題解決の方向は Pain か Gain か

一般的に、企業が顧客に提供する価値は、Pain（ペイン：どんな痛みを取りのぞくか）とGain（ゲイン：どんな効果が得られるか）の2種類に分類されます。

Painのわかりやすい例には、「がん保険」があります。がん保険は、「がんになったときの入院費などをどうしよう?」という不安を和《やわ》らげてくれる商品です。

一方、Gainのわかりやすい例としては、「ネットスーパーの宅配サービス」があります。これは「自宅に居ながらにして、注文した食品・日用品を届けてくれる」という利便性を顧客に提供している商品です。


このように、私たちは普段、自分の悩み(Pain)を取りのぞいてくれるか、こんなのあったらいいな(Gain)をかなえてくれるかの、いずれかをもたらしてくれる商品やサービスを利用しています。

仕事上の問題解決でも「相手の課題を解決してどんな状態を目指すか」という視点が重要なポイントになります。このときに、Pain型の問題解決策としては何があるか、Gain型の問題解決策は何か、といった視点で考えると、思考を整理しやすくなります。

特に、一方の視点に偏《かたよ》りがちな人は、別の視点で考えるとどんな解決策があるだろうか、と考えていくとよいでしょう。

「コインの裏返し」的発想の罠《わな》

ここでちょっと考えてみてください。そもそも問題解決とは、どういうことなのでしょうか。

「起きている問題を解決することでしょ?」

そう思われるかもしれませんが、実は違います。

一つの例を通じて考えてみましょう。

ある職場の同じチームでAさんとBさんが働いています。Aさんはデータの入力ミスが多く、たびたび問題を起こしています。

あるときクライアントから何度目かのお叱りを受け、「次にミスをしたら、御社との取引を考え直します」と言われてしまいました。Bさんは、なんとかして問題を解決しなければなりません。さて、どうしたらいいでしょうか。あなたがBさんの立場なら、どうしますか？

Bさんはミスを減らすために、Aさんがデータ入力をした後にダブルチェックをするという解決策を考えました。確かにダブルチェックをすれば、ミスは減らせそうなので、問題解決といえそうです。

しかし、ダブルチェックをすればBさんの仕事の負担は増えるので、チーム全体の生産性が下がるかもしれません。あるいはBさんが疲れてしまい、かえってミスが増える可能性もあります。これでは問題解決にはなりません。

「ミスが多いからダブルチェックをする」というのは、〝コインの裏返し〟的な発想（対症療法）です。コインの裏返しとは、「コインの表を裏にひっくり返す」ように、目に見える物事について単純に対処することを意味します。

コインを裏返すだけなので簡単ですが、たいていの場合、根本的な解決にはつながらず思ったような効果は得られません。

実は多くの人が、問題解決をよく理解していないために、しばしば「コインの裏返

コインの裏返しは真の問題解決にならない！

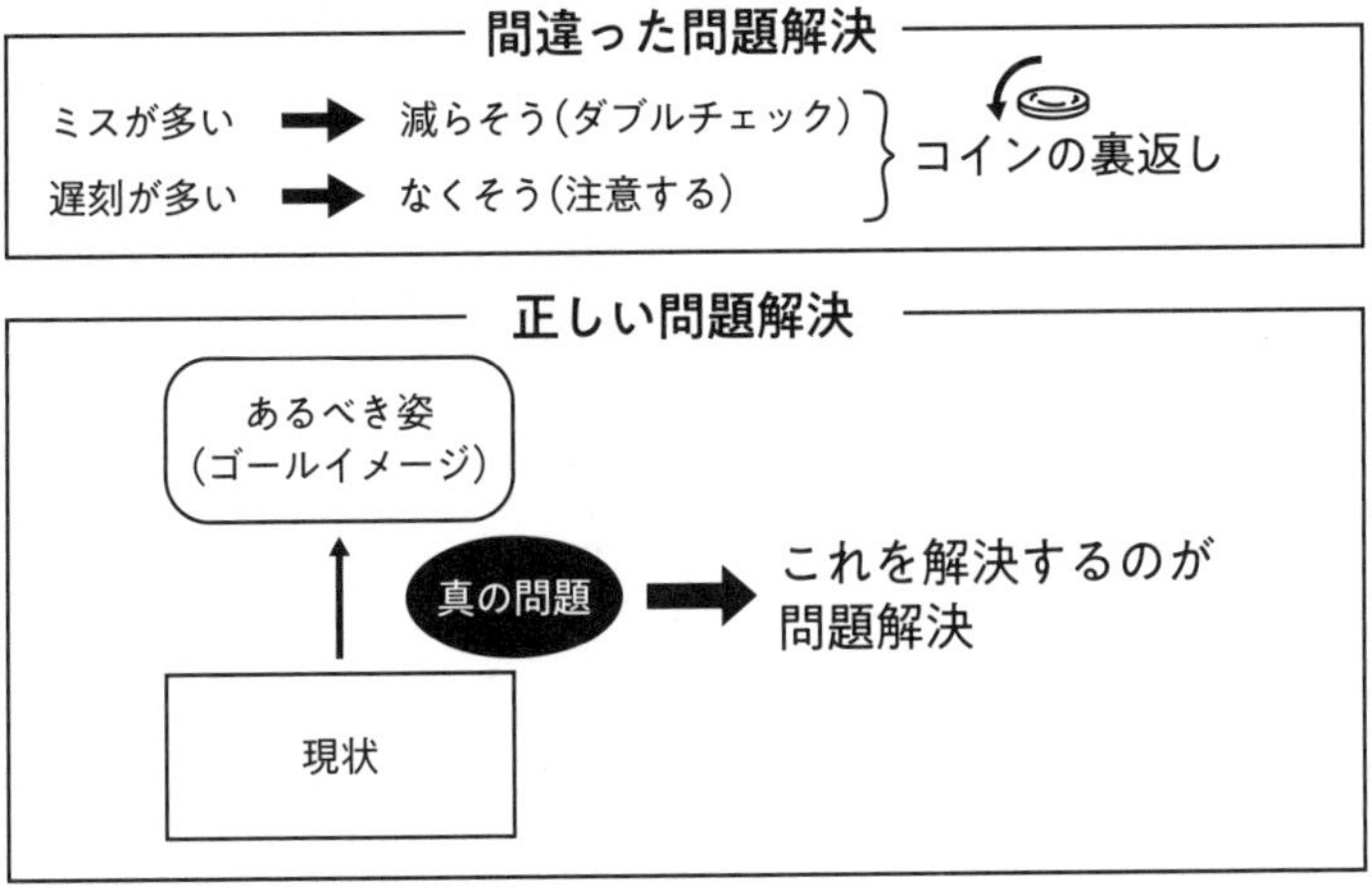

し」的発想をしています。そのせいで、同じような問題に何度も悩まされたり、延々と見当違いな対策を繰り返したりしているわけです。

先にゴールイメージを描いて、差を埋める

本来の問題解決をするためには、起こった物事に対して単純に対処するのではなく、まず「誰にとって、どうなればいいのか」「誰がどうなりたいのか」というゴールイメージ、あるべき姿をきちんと定めておく必要があります。

AさんとBさんの例で言えば、「AさんとBさんが正確に効率よく仕事ができ

ている状態」があるべき姿といえます。

「AさんとBさんが正確に効率よく仕事ができている状態」を実現したいけれども、現状では「Aさんのデータ入力ミスが多い」という問題が起きています。

この「あるべき姿」と「現状」との差を問題と捉え、それを解決するためにどうすればいいかという発想をしたほうがいいはずです。

たとえば、売上目標が年間100億円だけれども、現状は95億円である。この場合、あるべき姿の100億円と現状との差である5億円をどうするか、というのが問題となります。

あるべき姿と現状の差が問題になる→これを解決していく。これが問題解決の要《かなめ》ということです。

効果的にモグラを止める方法は？

AさんとBさんの例に戻りましょう。

「ダブルチェックをする」という解決策は、あるべき姿を実現するという視点から考えると、実はピント外れの解決策であるとわかります。

Aさんがミスを続ける限り、Bさんは永遠にダブルチェックをしなければならないからです。

一方、あるべき姿と現状の差に着目すると、違った対策を考えられるようになります。

たとえば、新たにCさんというメンバーを加え、仕事を3人で分担するという解決策が出てくるかもしれません。あるいは、そもそもAさんにはデータ入力をお願いせず、別の得意な分野を任せるという解決策を思いつく可能性もあります。

あるべき姿と現状の差を「問題」と捉え、それを解決することが本来の問題解決である。それを踏まえた上で、もう一つ別の例を出してみましょう。

ゲームセンターでモグラ叩きのゲームをします。このゲームで、穴から出てくるモグラを「効果的に止める」方法はなんでしょうか。

モグラを止めたいなら、そもそもモグラを出さない！

「両手を使ってモグラを叩く」
「複数人のチームで分担しながらモグラを叩く」
「助っ人としてモグラ叩きのチャンピオンを呼んでくる」

こんな解決策を発想する人が多いと思います。

でも、ちょっと考えてみてください。ここでの究極の目的はなんでしょうか。「モグラを止める」ということです。

モグラ叩きゲームでモグラの動きを止めるには？

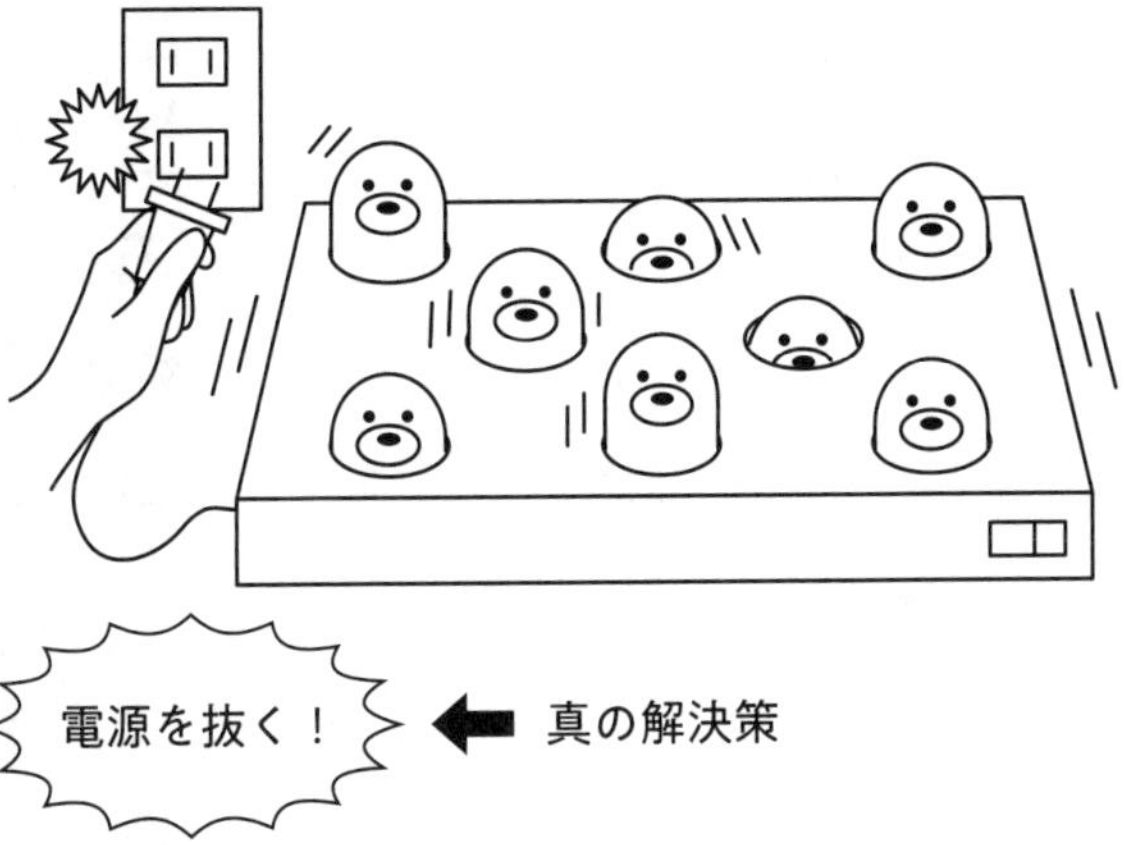

モグラを完全に止める方法の一つは、**モグラ叩きゲームの電源を抜く**ことです。

「そんなのズルい」と思われるかもしれませんが、問題解決においては**「そもそもやらない」**というのが立派な解決策になることもあるのです。

「両手を使って叩く」も「チームで叩く」も結局はコインの裏返し的な解決策です。ひたすらモグラを叩くことが本当に問題解決なのか。穴から飛びだしてくるモグラを叩くことがすべてなのか。

　このように、物事の根本や前提から問題解決を考えてほしいのです。

問題解決のプロは、問題を解決しようとしない

問題解決をする上での秘訣は、**問題を解決しようとしないこと**です。

こんなふうに言われると、混乱してしまうかもしれないですね。

一つの寓話を例にお話しします。

昔、インドで6人の目の見えない旅人が旅をしていました。その途中、道の真ん中で大きな障害物に突き当たりました。障害物が道をふさいでいるので、これをどかさないと前に進むことができません。

実は行く手を阻んでいたのは象なのですが、目の見えない旅人たちにはわかりません。彼らはそれぞれ障害物を触り、道をふさいでいるものの正体を探りました。

ある旅人は、象の足を触り「これは大木のようです」と言います。耳を触った人は「大きなうちわじゃないですか」、尾を触った人は「大きな蛇ですね」、お腹を触った

目の見えない６人の旅人と象の話

これは
大きなうちわだ！
これは
ホースだ！
これは壁だ！
これは大蛇だ！
これはヤリだ！
これは大木だ！

人は「壁だ」、牙を触った人は「ヤリだ」、そして鼻を触った人は「これは太いホースに違いないです」と言い張りました。

もし大木が道をふさいでいたなら、近くから斧《おの》を借りてくるか、きこりを呼んで切ってもらうなどの方法が考えられますね。大蛇だったら、おいそれと触るのは危険なので、蛇使いを連れてくる必要がありそうです。太いホースだったら大勢の人を呼んできてみんなで引っ張るかもしれません。

でも、実際に象に対してこれらの行動を取ったらどうなるでしょうか。斧で切りかかったら象が暴れだして大惨事になるでしょうし、蛇使いを呼んできても役に立たず無駄なお金を使うだけになります。みんなで尾を引っ張っても、簡単には動いてくれないでしょう。

しかしここで、道をふさいでいるのが象であると特定できていたら、「象使いを連れてくる」「象が好きな食べ物を使って誘導する」などの解決策を選択できたはずです。

物事の全体像をつかまずに、解決を急いでいないか？

このエピソードには問題解決の重要なポイントが示唆されています。

何か問題が発生したら、私たちは手に入った断片的な情報で判断し、目の前の問題を早く解決しようとします。そのせいで、間違った解決策を選んでしまいがちです。

しかし、重要なのは**「何が真の問題か」を明確にすること**です。真の問題が明確になれば、解決策の精度も向上します。つまり、問題解決のプロはいきなり**「問題を解決しようとしない」**のです。

問題に関する情報が入ったとき、自分は本当に**全体像を見ているのか**をまず疑うべきです。問題の全体像を把握するために、人から話を聞いたり、そもそもの問題を掘り下げていったりする行動が重要なのです。

「真の問題」を発見せよ

では、私たちは問題が発生すると、なぜすぐに解決したくなってしまうのでしょうか。結論から言うと、それが人間の本能だからです。実は、人類がこれまで生き残ってこられたのも、すぐに解決したがる本能があったからです。

たとえば、草原を歩いていて、向こうにライオンを見つけたら、あなたはどうしますか。きっと、すぐに逃げだすはずです。

「今、自分はどういう問題に直面しているのか」
「そもそも、なぜライオンがいるのか」
そんなことを考えていたら、ライオンに見つかって襲われるのがオチです。

危険な場面に遭遇したら、即座に対応するという動物的な反応ができるからこそ、私たちの命は守られているわけです。

しかしビジネスシーンでは、よほどの緊急事態を除けば、すぐに解決しなくてもいいことばかり。むしろ、短絡的に行動をしても解決できないケースがほとんどです。

ですから、**ビジネス上の問題を解決するときは、動物的反応ではなく、思考を活用する人間的反応にシフト**する必要があるのです。

問題の根っこを探すための3つのポイント

ビジネスの問題は反射的に解決しようとせず、まず一呼吸おきましょう。いったん立ち止まり、問題の根っこがどこにあるのかを探っていくことが肝心です。ここでのポイントは、次の3つに集約されます。

① 本当にそうかと疑う
② 問題の全体を見る

③ 根っこの原因を探す

では、改めて問題解決と解決策の関係を考えてみましょう。

あなたは庭師として仕事をしています。お客さんから「自宅の庭の木が枯れそうだから、なんとかしてほしい」という相談を受けました。

実際に木を見に行ってみると、確かに葉っぱは茶色く枯れかけています。木が病気に侵されているのは明らかです。どう解決すればよいでしょうか。

「葉っぱに異常が出ているのだから、葉っぱに何かクスリをつければいい」というのは、動物的反応です。ここまでお読みの方は、もう気づいていると思います。

本当に葉っぱに問題があるのかを疑い、問題の全体を見て、根っこの原因を探すことが重要です。

全体を見ると、文字通り「根っこ」に問題がある＝水や栄養が不足していた、という事実に気づくことできるのです。**根っこの問題に気づけば、枯れた葉に何かをするのではなく、木の根に水や肥料を与えるという正しい解決策**をとることができます。

根っこの問題は何か？

問題解決にあたっては**「そもそも本当の問題は何か？」**と、真の問題を明らかにすることが重要です。その上で、真の問題を解決する具体策を明確にして実行することが正しい進め方となります。

「問題が起きたら、根っこの問題は何かを特定する」

この基本を忘れないように、迷ったときには木の根っこのイメージを思いだすようにしてください。

The 1 Sheet Thinking of Problem Solving

第2章

ビジネスに不可欠な「問題解決思考」

そもそも「真の問題」が見えているか

第1章では問題解決とは何かについて、基本的な考え方をお伝えしました。ここでは、もう少し詳しく問題解決の進め方についてお話ししていきたいと思います。

具体的な問題を提示します。コンサルタントになったつもりで考えてみてください。

あなたの家の近所にアイスクリームショップがあります。

店員はおとなしそうな男性が一人。いつ通りかかってもお客さんで賑わっている様子はなく、お世辞にもお店が流行《はや》っているとは言えません。

「店員の態度が悪いからアイスクリームが売れない」

オーナーは、親しい人にこんな愚痴をこぼしていました。

真の問題発見のためには「そもそも？」で考える

さて、このアイスクリームショップはどうしたらいいのでしょうか？

「店員の態度が悪いんだったら、もっと愛想のいい店員に代えればいい」

第1章で解説した内容を踏まえて考えれば、これが**「コインの裏返し」的発想（対症療法）**だとわかるはずです。**店員を代えるというのは動物的反応であり、真の問題を発見しているのか疑わしい**ところです。

では、ほかにどんな解決策があるでしょうか。

私が実際の研修で参加者に考えていただくと、次のような答えが出てきます。

「アイスクリームの価格を見直す」
「アイスクリームの種類を増やす」
「インスタ映えするようなアイスクリームのデコレーションを考える」

確かに、これらは検討する価値がある要素だと言えます。

このように、「接客が悪いから売れない」と短絡的に判断する前に、「そもそも本当に接客に原因があるのか」「流行らない原因はほかにあるのではないか」と考えることが非常に大事です。

ただし、思いつきで原因を探るのでは不十分。ポイントは、漏れなくダブりなくさまざまな可能性を探ることです。そして、それらの可能性の中から真の売れない原因を見つけだすのです。

アイスクリームが売れない理由で言うと、次のような原因が考えられます。

- **「商品そのもの」**に問題があるのか？
- **「価格」**に問題があるのか？
- **「プロモーション」**に問題があるのか？
- **「売り方」**に問題があるのか？

プロのコンサルタントはさまざまな可能性に分けて考えることで、問題を深掘りし、真の問題を突き止めます。

このケースでは、お客様や関係者などに根掘り葉掘り質問をして深掘りした結果、**売れない原因は接客ではなく、売っているものがお客さんの求めるものとは違っていた**からであると気づきました。この商圏にはアイスクリームのニーズがなく、実は商品そのものに問題があったのです。

さらに、お客さんのニーズがフルーツにあることを知り、フルーツショップに変更することを提案しました。フルーツショップに変えたところ、店員は同じであるにもかかわらず、お客さんが来るようになったのです。


「売れないアイスクリームショップをどうしたらいいのか」を考えるとき、多くの人は**「どうやってアイスクリームを売るか」**というところから思考をスタートします。

しかし、それでは真の問題解決にはたどり着きません。

「そもそもアイスクリームは売れるのか」という前提のところから、思考をスタートさせる必要があるのです。

ここまで深掘りできて初めて、問題解決の成否が決まります。

自分なりに仕事をアップグレードする

大切なのは、漫然と問題に取り組むのではなく、どうしたら高いレベルで思考できるかを模索することです。

問題の深掘りについて、別の角度からお話ししましょう。

ある会社の人材開発部には、部長のもと、Aさん、Bさん、Cさんの3人のスタッフがいます。あるとき、部長が来年度スタートの新しい人材育成プログラムの作成を3人に依頼しました。

Aさんは「プログラム」と言われたので、パソコンの使い方の研修を徹底的に調べて提案書を作成し提出しました。

Bさんは、人材育成の体系を作ろうと考え、世の中にある階層別研修をネットで調べて一覧にしました。大手教育機関数社の研修メニューを漏れなくダブりなくコピー・統合して、完全なものに仕上げました。

一方Cさんは、そもそも自社の人材がどんな課題を抱えているかを明らかにするところから手をつけることにしました。各部署の部長から、自社の課題やその部署の課題を入念にヒアリングした上で、それらの課題を解決するために、人材開発部として何ができるかを考えていきます。そうして、独自の研修プログラムを組み立てました。

一流は「問題の根本」を捉えようとする

さて、この3人のプランを比較して、あなたはどんなふうに感じるでしょうか。3つのプランはそれぞれ一流、二流、三流の仕事に相当します。

まず三流は、「わかったつもりで進めてしまった」Aさんのプランです。Aさんは「人材育成」という大きなテーマに対して、パソコンスキルの向上のみにフォーカスしてしまいました。これでは、内容としては不完全と言わざるを得ません。

二流は、「与えられたテーマをそのまま解釈した」Bさんのプランです。世の中に流通している研修メニューをそのまま自社に当てはめているため、一見すると完璧なプログラムに仕上がっているように見えますが、実際には可もなく不可もないプログラムであり、これを受講したところで大きな効果は期待できません。

今回、一流の仕事をしたのは「問題の根本を捉えようとした」Cさんです。

Cさんは「そもそも何が求められているのか」「求められていることを達成するために何をしたらいいのか」という視点でこのタスクを捉え、関係者にヒアリングをするところから着手しました。その結果、自社の課題をあぶりだし、それをもとに研修プランの設計という、本質的で合理的な解決策を導くことができたのです。

このように、一流の人は**どんな問題に対しても自分なりにアップグレードして答えを出していきます。**

本書を通じて、私が皆さんに目指してほしいのは、Cさんのような一流の仕事の進め方です。

つねに前向きを意識する

「一流の仕事を目指す」と口で言うのは簡単ですが、実際に一流の仕事をすることには苦しさが伴います。

なぜなら、本当にインパクトのある問題解決を行うまでには、さまざまな困難を乗り越える必要があるからです。

プロのコンサルタントは、非常に難しい問題と向き合わなくてはいけません。クライアントは、自分たちでも解決できるレベルの問題は依頼しません。**もっと上のレベルの解決策がほしい、どうにもならない問題を解決したいというときにコンサルティングを依頼する**わけです。

そのシチュエーションで、問題の難しさにコンサルタントがたじろいでいたら話になりません。マッキンゼーでは新人であっても、難しい問題に背を向けず「自分には何ができるか」を考えることが求められます。

どんな問題に直面しても、後ろ向きにならずに前を向いて取り組む。この**「つねに前向きに」**という姿勢はPositive Mental Attitudeと呼ばれ、「PMAが大事」と声を掛けられることがよくありました。

前向きに取り組めば、結果は必ずついてくる

プロのコンサルタントでなくても、現代の社会人が直面している問題は非常に困難で解決が難しいものばかり。「どうしよう」「できるかどうかわからない」というマインドセットでは、太刀打ちできない可能性が大です。

「つねに前向きになんて、到底できそうにない」と思われるかもしれません。でも、つねに前向きに必死になって取り組んだ結果、「これだ!」という解決策を見つけだしたときは自分でも本当に嬉しくなりますし、周りの人からの評価も得られます。前向きに取り組むからこそ結果を出せるし、仕事の醍醐味も味わえるのです。

一流の仕事を目指すために、つねに前向きに。このマインドセットを意識するだけでも、仕事の結果が大きく違ってくるはずです。

問題解決の5つの要素

さて、ここからは本格的に問題解決の仕組みに迫っていくことにします。

真の問題を発見し、適切に問題解決をするためには、問題解決の基本的な構造を知っておくことが重要です。問題解決には、以下の5つの要素があります。

①問題の仮設定
②問題の深掘り
③問題の発見
④ゴールイメージ
⑤解決策の策定

それぞれの要素について、見ていきましょう。

①問題の仮設定

一つめは問題の仮設定です。営業の目標がなかなか達成できない。仕事のミスが減らない。子どもが勉強をしない……など、抱えている問題はいろいろあると思いますが、一文（ワンセンテンス）でまとめましょう。

この段階では、あくまでも〝仮〟設定でかまいません。すべては問題を設定するところから始まります。

②問題の深掘り

次に「何がそもそも問題なのか」を掘り下げます。「どこに問題があるのか」「何が問題となっているのか」「なぜ問題が起きているのか」という根本にさかのぼって考えることで、真の問題を探っていきます。

真の問題を探っていくときに役立つのが**ロジカルシンキング（論理的思考法）**です。ロジカルシンキングとは、簡単に言うと、**「何が原因であり、その結果どうなってい**

るか」を細かく突き詰めるということ。

なぜ、会社の売上が伸びないのか？
↓営業部の成約率が低いから。
では、なぜ営業部の成約率が低いのか？
↓新規顧客の開拓が進まないから。
では、なぜ新規顧客の開拓が進まないのか？
↓既存顧客のフォローだけで手いっぱいだから。
では、なぜ既存顧客のフォローに時間が取られるのか？
↓対面での接点にこだわっているから。
では、なぜ？　……

このように一つひとつの可能性について、原因と結果にバラして掘り下げるのです。

論理的思考と言うとなんだか堅苦しいですが、本来のロジカルシンキングは、**原因と結果がはっきりわかる「筋が通った」ものの考え方や捉え方**ということです。もっとわかりやすく言うと、モヤモヤしている状況を、とてもスッキリしたものにするためのものなのです。

ロジカルシンキングを活用することで、問題を掘り下げるときの漏れやダブりがなくなります。また、堂々巡りに陥ったり、答えがないような迷宮に入り込んだりすることも防げます。途中で紆余曲折があっても、確実に真の問題にたどり着くことができます。

③問題の発見

「問題の深掘り」をしていくと、ある段階から問題が変わることがあります。

先のアイスクリームショップの例で言えば、最初は「アイスクリームが売れない」というのが問題でしたが、根っこを探していったところ「この商圏にはアイスクリームのニーズがない」というのが真の問題だったとわかります。

そこで最初に設定した問題を、真の問題へと差し替えます。つまり、問題の発見は**問題を再設定**することでもあります。

問題を再設定すれば、もはやアイスクリームを売るための方法を考える必要はなくなります。**見当違いな解決策をとらずに済む**ということです。「問題の発見」の重要性がおわかりいただけたと思います。

ただし、ここで発見した真の問題はあくまでも仮説です。この時点では、「これが真の問題だ」と考えているわけですが、本当に正しいかどうかはわかりません。とは言え、すべての可能性を分析・検証していたのでは、時間がいくらあっても足りないですよね。

ですから、**現時点での仮説として、最も本質的で解決のインパクトがありそうな問題を設定している**とお考えください。

④ゴールイメージ

真の問題を発見したら、ありたい姿をイメージします。ありたい姿とは**「問題が解決されたあかつきには、自分がどんな状態になっていたいのか」**というイメージです。

ゴールイメージは具体的であることが望ましいです。単に「お店の売上を上げる」ではなく、**いつまでにどんな状態になっていたいかを数値で表し**ます。

このように、ゴールイメージが明確であれば、そこから逆算してやるべきことを整理できます。何に集中すればよいのかが明確になり、無駄な作業がなくなるからです。どうしても数値化しづらい場合は定性的な表現でもよいのですが、できれば「お店の売上を年度末までに対前年比で30％アップする」など、客観的な数値を使った定量的な表現が望ましいと言えます。

⑤解決策の策定

ここで初めて解決策の策定が出てきました。ゴールイメージと現状との差異を明らかにした上で、真の問題を解決しながらその差異を解消するためにどうすればいいのかを考えます。

解決策を最後に策定するというのが重要なポイントです。

繰り返しますが、**最初に解決策を考えるのは「コインの裏返し」的発想**です。問題が本当に正しいのかどうかあやふやな状態で解決策を考えても、的外れになる可能性が大です。①～④の要素を確定した上で解決策を考えれば、高い確率で有効な解決策を打ちだすことができます。

Case

若手社員の離職率の高さに悩む人事担当役員

問題解決の5つの要素を頭に入れた上で、改めて事例を見ていくことにしましょう。

ある会社では、最近、若手社員の離職率が上昇しており、改善策を講じる必要性が出てきました。そこで人事担当役員が主導して、問題解決に乗りだすことにしました。

問題解決の要素で言えば、**①問題の仮設定＝離職率が高い**、となります。

離職率が高いという問題に対して「たくさん辞めてしまうなら、予《あらかじ》め辞める人数を見込んで、たくさん採用する計画を立てればよい」と発想するのは短絡的です。動物的反応では問題解決はできない。これは、もうおわかりだと思います。

「離職率が高いということは、会社の理念にマッチしていない人材が多いということ。

だから採用時に、会社の理念を丁寧に伝える説明会を開催して、理念に共感できる人を採用する」

「離職者はモチベーションが下がっているから、モチベーションを上げるような施策を講じる」

これらは最初の解決策より悪くないですが、与えられたテーマについてそのまま答えようとする典型例です。真の問題に対応しているのか、疑問が残ります。

「どうして離職率が高いのか」という根本にさかのぼる

実は、この事例は私自身のクライアントのケースがもとになっています。

ある企業の人事担当役員が、「最近、若手社員のモチベーションが低くて、離職率が高いのが問題なんだよ」とおっしゃるのです。

当初、その役員からは「大嶋さんに、ぜひ若手のモチベーション研修をお願いしたい」と依頼されました。しかし、私はまず**「本当にモチベーション研修をすることが解決策なのかな？」**と疑いました。

真の問題を探るためには、「どうして離職率が高いのか」という根本にさかのぼる必要があります。ここで行うのが②問題の深掘りです。

私は役員をはじめ、その会社の人たちに根掘り葉掘りヒアリングを行いました。

「なぜ若手のモチベーションが下がるのか」

「どんなときにモチベーションが下がるのか」

「誰がモチベーションを下げているのか」

あらゆる角度から離職者が出る原因を探っていった結果、「上司と部下のコミュニケーションが停滞している」「若手の意見が採用されにくい」という問題が浮上してきたのです。

さらに「なぜ上司と部下のコミュニケーションが停滞しているのか」「若手の意見が採用されにくいのか」を掘り下げていくと、「『目で見て盗め』という指導法をとっている上司が多く、コーチングスキルが低い」「若手の意見を頭ごなしに否定しがちで、心理的安全性が担保されていない」という現状が見えてきました。

真の問題を発見できれば、「とるべき解決策」が見えてくる

一連の「問題の深掘り」を通じて、**③「問題の発見」**をし、**再設定**しました。

真の問題は**「管理職層のマネジメント力が低い」**ことにあるのではないか、というものです。

ここで初めてありたい姿をイメージします。クライアントにヒアリングを行い、「こうなりたい」という**④「ゴールイメージ」**を**言語化**しました。そして**「管理職のマネジメント力が向上し、3カ月後には若手社員のモチベーションが向上し、離職率が低下している」**というゴールイメージを共有しました。

このとき「3カ月」のように、具体的な期限を設けることも大きなポイントです。

次に、現状とゴールイメージとの差異を埋めるために何をするかという**⑤「解決策の策定」**をしていきます。ここまでくれば、若手のモチベーション研修が見当違いの解決策であることは明白です。

私がクライアントに提案して管理職層への1《ワン》on《オン》1《ワン》ミーティングを実施したところ、

問題解決の５ステップ

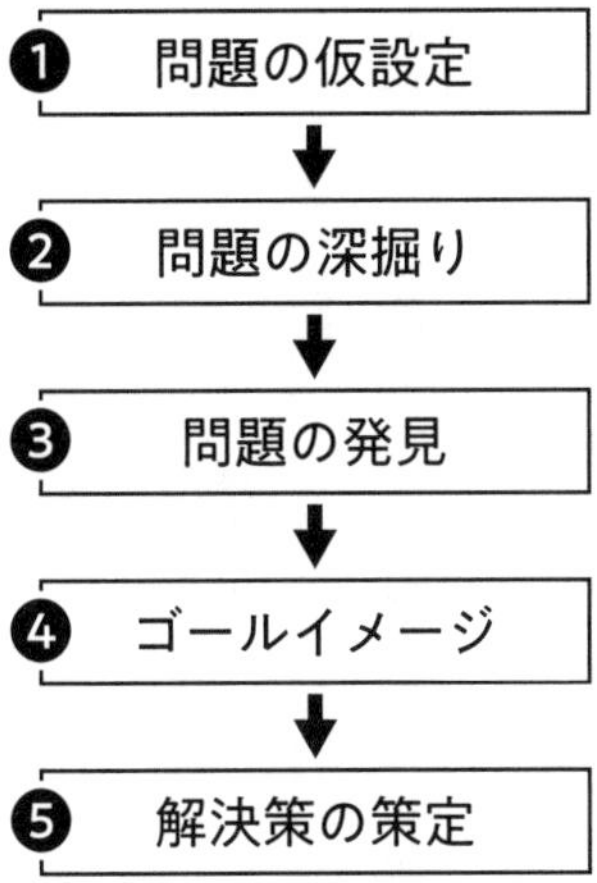

「実は若手にどう指導したらよいのか悩んでいた」という悩みがたくさん寄せられました。

そこで、**「管理職層を対象にマネジメント研修を実施する」**という⑤「解決策の策定」をしたのでした。

後日談ですが、この会社はマネジメント研修を行ったことで管理職のマネジメント力が向上し、それに伴い若手社員のモチベーションが向上。予定通り、３カ月後には若手社員の離職率に大幅な低下傾向が見られるようになりました。

プロセスを分解して考える

私たちは問題が発生すると、すぐに解決したくなります。前にお話ししたように、これは本能にもとづく動物的反応であり、ある意味仕方のないことです。

ただ、すぐに解決しようとしても、たいていはうまくいきません。**解決策を考えようと必死になるあまり、問題の深掘りが疎《おろそ》かになったり、ゴールイメージがあいまいになったりする**からです。

また、「どこに問題があるのか」という**問題の深掘り**と、「どうしたら解決するか」という**解決策の策定**を同時に行うせいで、「別次元の思考」が錯綜して堂々巡りに陥りがちです。

堂々巡りに陥ったまま「とにかく頑張る」などと、あやふやな精神論で解決してもうまくいくはずがありません。

要するに、**問題解決が苦手な人は、複雑な問題を複雑なまま取り扱おうとしている**のです。そのせいで、どこから手をつけてよいのかわからず、正しい問題解決ができなかったのです。

複雑な問題も「要素分解」をすればシンプルになる

正しい問題解決をする上で重要なのは、**問題解決のプロセスを明確に分ける**ことです。

どんな問題も、分解しないまま扱おうとするから、問題が複雑に見え、解決までの道のりが遠くなります。しかし、一つひとつの要素に分解すれば、とたんに問題はシンプルになり、具体的に考えられるようになります。**要素ごとに順を追って考えていけば、必ず真の解決策にたどり着ける**というわけです。

先ほど、私は問題解決を5つの要素に分けてお話ししました。改めておさらいすると、5つの要素とは次の通りです。

①問題の仮設定
②問題の深掘り
③問題の発見
④ゴールイメージ
⑤解決策の策定

要素に分けたとたん、やるべきことが明確になったことがおわかりいただけたでしょう。

やるべきことが明確になっていれば、「どこから手をつければいいの？」「本当にこの方法で大丈夫なのかな？」などと悩む心配もなくなります。

また、「問題の発見」や「ゴールイメージ」など、本来は考えるべき要素が抜け落ちるおそれもありません。**問題解決の5つの要素さえ押さえておけば、スムーズに問題解決に向かうことができる**のです。

過去、現在、未来を同時に扱える

もう一つ、問題解決の5つの要素には重要なポイントがあります。それは**「過去・現在・未来を同時に扱っている」**ということです。

実は問題解決の要素には、時間軸の異なるものがあります。

具体的に言うと、「①問題の仮設定」は今抱えている問題ですから**現在の時間軸**の要素です。「②問題の深掘り」は問題の原因をさかのぼっているので**過去の時間軸**に相当します。

深掘りの結果「③問題の発見」を行いますが、これは①の再定義なので**現在の時間軸**に位置します。

次に考える④「ゴールイメージ」はありたい姿なので、**未来の時間軸**です。そして最後の「⑤解決策の策定」はこれから取り組む内容ですから、同じく**未来の時間軸**の範疇です。

問題解決が、過去・現在・未来を扱っているという意味がおわかりいただけたでしょうか。

目の前の問題にとらわれすぎない「鳥の目」視点

大切なのは、**過去・現在・未来の時間軸を俯瞰的に見る**ことです。俯瞰的に見るとは、一段高いところから見渡す「鳥の目」を持つ、と言い換えられます。カメラで言えば、ズームアウトするようなイメージです。

「俯瞰的に見る」と口で言うのは簡単ですが、実際には案外難しいものです。私たちは無意識に、自分が現在見聞きしている情報に影響を受けてしまい、近視眼的になりやすい性質があります。つまり、視野狭窄《きょうさく》に陥りやすいのです。

目の前で起こっている問題にとらわれ、問題の本質を掘り下げないまま解決策を模索するので、真の問題を見つけることができません。また、将来的に「どうありたいか」という未来のイメージがないまま解決策を実行しても、理想的な問題解決からは遠のいてしまいます。

俯瞰の視点を持てば、「そもそもこういう原因で問題が起きているんだ」という流れをつかむことができます。

そして「こういう目標のために行動すべきだ」という未来の到達点がはっきりしているので、途中で困難に直面しても、ブレずに行動できるのです。

コインの裏返し的発想を撃退する「問題解決1枚シート」

さて、この章では問題解決の進め方、問題解決を整理させる要素について語ってきました。

ここまでお読みいただいただけでも、仕事や家庭で問題解決の必要に迫られたとき、パッと思いついた解決策に飛びつくようなことはなくなるはずです。

ところが、です。私がセミナーなどでこういったお話をしても、普段の日常に戻ると、ついつい、コインの裏返し的発想をしてしまう人が少なくありません。人間の本能である「動物的反応」から抜けだすのは、そう簡単ではないのです。

「もっと確実に問題解決ができるような仕組みをつくれないものだろうか」

試行錯誤の末、ラクに問題解決ができるツールを独自に考案・開発しました。

その名も**「問題解決1枚シート®」**です。

「問題解決1枚シート」は、**問題を分析し、解決に導くためのフレームワーク。問題解決の5つの要素と過去・現在・未来の時間軸が1枚に凝縮されており、俯瞰的に捉える**ことができます。

このシートの最大のメリットは、シンプルなシートに書き込みをすることで、「鳥の目」視点で、問題の解決策を考えていけるところにあります。シートは思考の「型」であり、**型に沿っていくだけで、何が根っこの問題かを考えていく人間的反応へと自然とシフトできる**ようになっているのです。まさに魔法のようなツールです。

どうでしょう。そんなツールがあれば、使ってみたいと思いませんか？

そこで次の章ではこの「問題解決1枚シート」の使い方について、くわしくお話ししていきたいと思います。

The 1 Sheet Thinking of Problem Solving

第3章

「問題解決1枚シート」はこう使う

「問題解決1枚シート」とは？

前章の最後で、私が独自に考案・開発した「問題解決1枚シート」について、少しだけご紹介しました。

このシートは、問題のどこにフォーカスしたらよいのかを可視化するための道具であり、誰でも簡単に迷うことなく問題解決ができるように開発したものです。

あれこれ説明するよりも、百聞は一見にしかず。まずは、次ページで「問題解決1枚シート」の実物を見ていただきたいと思います。

一見してわかるように、A4サイズの1枚のシートがいくつかのブロックに分かれていて、それぞれ文字を書き込めるようになっています。このブロックは、第2章で解説した問題解決の5つの要素と対応しています。順番に見ていきましょう。

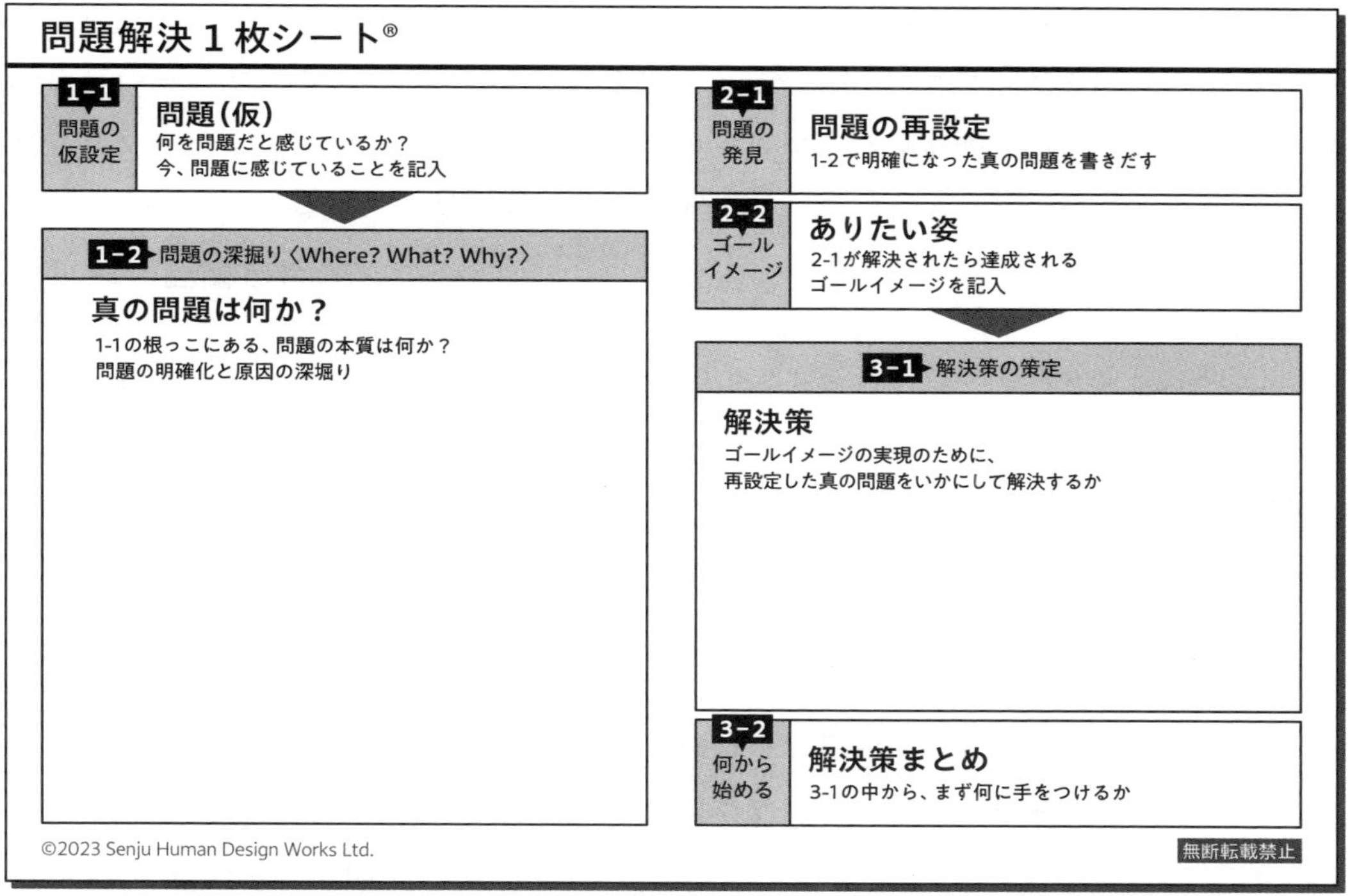

問題解決１枚シート®
1-1
問題の仮設定
問題（仮）
何を問題だと感じているか？
今、問題に感じていることを記入
1-2 問題の深掘り〈Where? What? Why?〉
真の問題は何か？
1-1の根っこにある、問題の本質は何か？
問題の明確化と原因の深掘り
2-1
問題の発見
問題の再設定
1-2で明確になった真の問題を書きだす
2-2
ゴールイメージ
ありたい姿
2-1が解決されたら達成される
ゴールイメージを記入
3-1 解決策の策定
解決策
ゴールイメージの実現のために、
再設定した真の問題をいかにして解決するか
3-2
何から始める
解決策まとめ
3-1の中から、まず何に手をつけるか
©2023 Senju Human Design Works Ltd.
無断転載禁止

1-1 問題の仮設定

まず、左上の「問題の仮設定」の欄に、**自分が今感じている問題**を1行で記入します。自分が何を問題と感じているのかを、ここで一度明らかにしてみましょう。

1-2 問題の深掘り

その上で、左下の「真の問題は何か?」にフォーカスします。最初に提示した問題について、**どこに問題の根っこがあるのか(Where)、何が問題の本質なのか(What)、なぜその問題が起きているのか(Why)**を明らかにするために、ひたすら自問しながら掘り下げていきます。ここには、箇条書きでわかったことをどんどん書いていきます。

2-1 問題の発見

書き込んでいく中で、**真の問題**が見えてきます。たとえば、第2章のアイスクリームショップの例で言うと、最初の問題は「アイスクリームが売れない」でしたが、問題を掘り下げた結果、「アイスクリームのニーズがない」という真の問題が見つかりました。そこで、「問題の発見」には**再設定された問題**を書き入れます。

2-2　ゴールイメージ

2-1で明確に再設定された問題（真の問題）が解決された際に、達成されるゴールイメージ（現時点でのありたい姿）を記入します。先の例で言えば、「3カ月後に若手社員のモチベーションが向上し、離職率が低下している」でしたね。ほかにも、「3カ月後に、売上が前年比30%アップしている」などでもいいでしょう。

3-1　解決策の策定

真の問題を解決し、2-2に記入したゴールイメージの実現に向かって何をしたらいいか、具体的なアクションプランを書き込みます。

3-2　何から始める

最後に3-1を踏まえて、まず何から着手するかを記入します。何から始めるのかという視点でまとめることで、自然と優先順位をつけて整理できます。

以上のように、要素ごとに内容を明確にすることによって、複雑な問題をシンプルに整理できる。これが問題解決1枚シートの特徴です。

なぜA4・1枚なのか

問題解決1枚シートのポイントは、A4・1枚で異なる時間軸である「過去・現在・未来」を統合しているところにあります。すなわち、**過去・現在・未来を同時に扱っています**。

問題について考えるとき、過去にさかのぼって原因を追究することは大事ですが、それだけに目を向けていると「原因を解消するために何をすればいいか」に思考が集中しがちです。

その点、問題解決1枚シートには**「そもそも問題を解決してどうなりたいのか」という未来の要素**が盛り込まれています。ゴールイメージを書くことで、私たちの視点は過去から未来へとシフトします。

理想的な未来を意識した上で解決策を考えるからこそ、ただの問題解決ではなく、ありたい姿に向かっての行動計画を考えだすことができるわけです。

また、シートを1枚見るだけで、問題の根っこや、ゴールイメージ、解決策といった各要素を俯瞰して見ることもできますし、多面的に見ることもできます。

問題を考えながら、それぞれの要素を行ったり来たりすることもできます。これが思考を深めることにつながるのです。

1枚だから〝問題の全体像〟をつかむことができる

もし、問題解決シートが1枚ではなく複数枚にわたっていたらどうでしょう。きっと、ページを1枚めくる手間が加わることにより、思考が中断されてしまうはずです。

これは、地図を見るときの状況と似ています。

昔、私たちが紙の道路地図を使っていたときには、道を進むときにページをめくる必要がありました。ページをめくると、前のページは見られなくなるので、ページ同士のつながりがわかりにくくなります。

しかも、拡大地図を見ていると、自分が今どこにいるのかを俯瞰的に捉えるのが難しいという問題が生じます。かと言って、日本全体や都道府県全体の地図を見たのでは、次の道を左折すればよいのか右折すればよいのか見当がつきません。

これに対して、現在ではスマホにインストールされた地図アプリやカーナビが一般に普及しました。

スマホ上で地図を見るときには、指で画面をスクロールしながら切れ目を意識せず、自在に地図を動かすことができます。ナビを使えば、移動に連動して自動的に現在地が動いていきます。また、簡単にズームイン・ズームアウトできるので、自分の立ち位置を把握しやすくなっています。

同じように、問題解決1枚シートは**1枚で問題の全体像をつかむ**ことができます。全体像をつかめると「今はここの部分を考えている」「ここについて議論している」「ここはまだ手つかずだな」ということが、視覚的にも明確になります。**進捗をグリップしているという感覚が、解決策を導く上での大きな推進力**となるわけです。

脳内でスパークを起こし、ひらめきを生むツール

さらには、それぞれの要素を行ったり来たり、近づいたり俯瞰したりも自由自在で

問題解決１枚シートがあれば脳内がスパークする

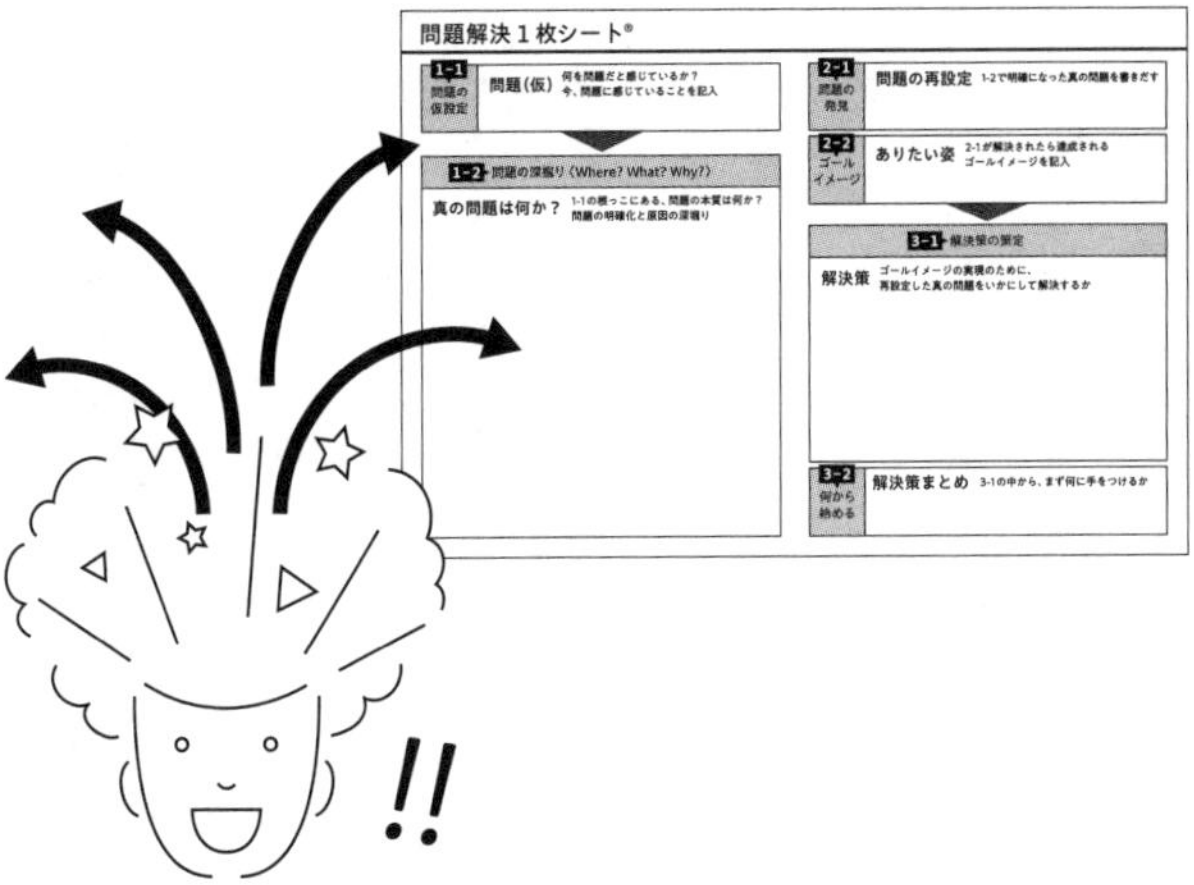

す。私たちの脳内には、いろんな次元の情報が詰まっています。過去に経験した出来事や学んだ知識、現在のリアルな実感や未来のイメージなどが同時に想起されます。

そういった複数次元の情報と情報がある瞬間につながり、スパークが起きることによって、クリエイティブな発見やひらめきが起きるわけです。

つまり、問題解決1枚シートは**脳内でスパークを起こし、ひらめきを生みやすくするツール**であるとも言えるのです。

手書きが発想のスパークを起こす！

「問題解決1枚シート」を活用する上で、もう一つ重要なポイントがあります。

それは、**記入は手書きで行う**ということ。

こう言うと「手書きは苦手だからパソコンを使いたい」と言われることがありますが、それでは効果が半減します。なぜなら**手書きにこそ、思考に広がりと深さをもたらし、情報同士を結びつける効果がある**からです。

手書きの効果は、脳のメカニズムからも裏付けられています。

人間の脳が情報を記憶するときには、二つのパターンがあります。一つは頭で覚える**「陳述的記憶」**であり、もう一つは体で覚える**「手続き記憶」**です。

英単語や漢字を覚えるのが陳述的記憶であり、脳内の大脳辺縁系にある「海馬《かいば》」が大きな役割を果たしています。

頭で覚えようとしたことを海馬で処理し、重要度の高いものだけを、記憶に関与する大脳皮質に送るという仕組みになっています。

海馬を通過する過程でフィルターにかけられるため、覚えようとしたことがすべて記憶されるわけではありません。私たちが試験の前日に、一夜漬けで教科書の内容を必死で暗記しても、テスト当日に思いだせなかったり、テストが終わったらすぐに忘れてしまったりするのは、こういうわけです。

一方、手続き記憶は自転車の乗り方や泳ぎ方などを覚える記憶です。一度覚えれば、なかなか忘れることはありません。子どもの頃にスイミングスクールに通っていた人は、何十年たっても体が泳ぎ方を覚えていて、ちゃんと泳ぐことができます。

手続き記憶で大きな役割を果たしているのは、海馬ではありません。脳の奥にある「大脳基底核《だいのうきていかく》」と「小脳」です。

大脳基底核と小脳は人間の運動に必要な筋肉の動きをコントロールするときに働きます。体を動かしながら自転車の乗り方や泳ぎ方を練習することで、大脳基底核と小脳が正しい動きを記憶していくので、定着しやすくなります。

手を動かすから、思考が深まり記憶に定着しやすくなる

この脳の仕組みで考えると、私たちが問題解決1枚シートに手書きで記入しているときも、手を動かしながら頭で考えています。そのため、**頭だけで考えているときよりも脳の活動部分が多くなり、思考が深まるだけでなく、記憶にも定着しやすくなる**、ということです。

私が知っている優秀なコンサルタントも、思考するときは最初からパソコンに向かうのではなく、ノートに手書きをしながら考えていました。解決策をパワーポイントなどにまとめるのは、解決策をノートに書きだしてからです。

手書きをすると、モヤモヤした悩みを具体的に言語化できます。問題が整理されれば、具体的な解決方法に落とし込むことも可能になります。

ですから、問題解決1枚シートを記入する際も、頭に浮かんだことはどんどん手書きで書きだしていきましょう。

1-1 問題を「仮置き」する

それでは、問題解決1枚シートを書くときのポイントについて見ていきましょう。
まずは1-1に自分が問題だと感じていること、あるいは会社や上司から与えられた課題を書きます。

「アイスクリームが売れない」
「今期の目標を達成できそうにない」
「チームの残業が減らない」

このように、**1行で簡潔に書く**ことが重要です。
プライベートの問題については、感覚的なぼんやりした書き方でもよいと思います。

「転職したいけど踏み切れない」
「配偶者とうまくいっていない」

といった具合です。

1-1に書く問題は、糸口にすぎない

重要なことは、ここに書きだす問題は、あくまでも仮の問題であるということ。たとえば第1章で、6人の目の見えない旅人の寓話を例に出しましたが、お話の中で旅人たちは象の一部分だけを見て問題を捉えていました。同じように、今の時点で問題と考えているのは問題のごく一部分であるかもしれません。問題の一部分だけを見ていては、本当の解決策を得るのは困難です。目の前の問題について「本当にそうか?」と疑い、全体を見て判断することが重要です。これからシートを使って思考を深めていく過程で、まったく別の問題が見つかる可能性もあります。ですから、現時点の問題はあくまで仮だということを、頭の片隅に置いてほしいと思います。

問題解決１枚シート®

1-1 問題の仮設定

問題（仮）

アイスクリームが売れない

1-2 問題の深掘り〈Where? What? Why?〉

真の問題は何か？

1-2 問題を掘り下げる

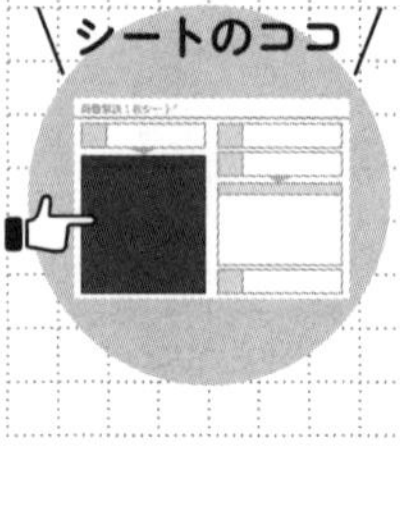

次に、1-1に書いた問題を掘り下げていきます。今、起きている問題を明確にして、**原因を深掘りしていく**ということです。

ここで重要なのは、**根本を問う**ことです。

「そもそも、何が起こっているんだろう？」
「そもそも、何を求めているのか？」
「そもそも、どうなりたいのか？」
「そもそも、どんな結果を期待しているのか？」

このように、根本を問うことで、**問題にしていることとあるべき姿とのギャップが**

浮き彫りになります。このギャップの中に真の問題が隠れていると考えられます。

問題の原因を深掘りして、箇条書きで書く

そして、次のように自問自答しながら問題を特定し、原因を明確にしていきます。

「どこに問題があるのか？」(Where)
「そもそも何が問題か？」(What)
「なぜそうなっているのか？」(Why)
「重要な課題は何か？」
「それは本当に重要な課題？」
「何が一番気になっているのか？」
「この問題はいつから始まっているのか？」
「なぜできなかったのか？」
「何が起きていたのか？」
「何が解決を止めていたのか？」

たとえば、次のような感じです。

問題　アイスクリームが売れない

「そもそも何が問題か？」
↓来店客数が少ない
「なぜそうなっているのか？」
↓商品に魅力がない
「重要な課題は何か？」
↓売れる商品の開発

このように、考えた内容を1-2に箇条書きで書きだしていきます。このとき、あまり時間をかけすぎないのがポイントです。まずは、たたき台をつくる意識で10分くらいでどんどん書いていきましょう。
10分書くだけでも、問題の発見につながることがあります。

問題解決１枚シート®

1-1 問題の仮設定

問題（仮）

アイスクリームが売れない

1-2 問題の深掘り〈Where? What? Why?〉

真の問題は何か？

- そもそも何が問題か？
  →来店客数が少ない

- なぜそうなっているのか？
  →商品に魅力がない

- 重要な課題は何か？
  →売れる商品の開発

The Tool for Deep Thinking

問題を見逃さず発見するMECE思考

問題を特定するときに重要な考え方として、「MECE《ミーシー》」という思考法を紹介したいと思います。

MECEはMutually Exclusive and Collectively Exhaustive の略であり、簡単に言うと**「漏れなく、ダブりなく」**という意味の言葉です。つまり、ある母集団があったら、漏れることも重なることもなく、分けることを意味します。

問題を洗いだすときに、「漏れあり、ダブりなし」のパターンもあれば、「漏れあり、ダブりあり」のパターン、「漏れはなくてもダブっている」パターンもあります。漏れなく、ダブってもいない分類がMECEです（次ページ図）。

MECEは、もともとマッキンゼーで使われていたフレームワークですが、今ではロジカルシンキングの基本概念として一般にも広く知られています。

MECEとは漏れなくダブりがないこと

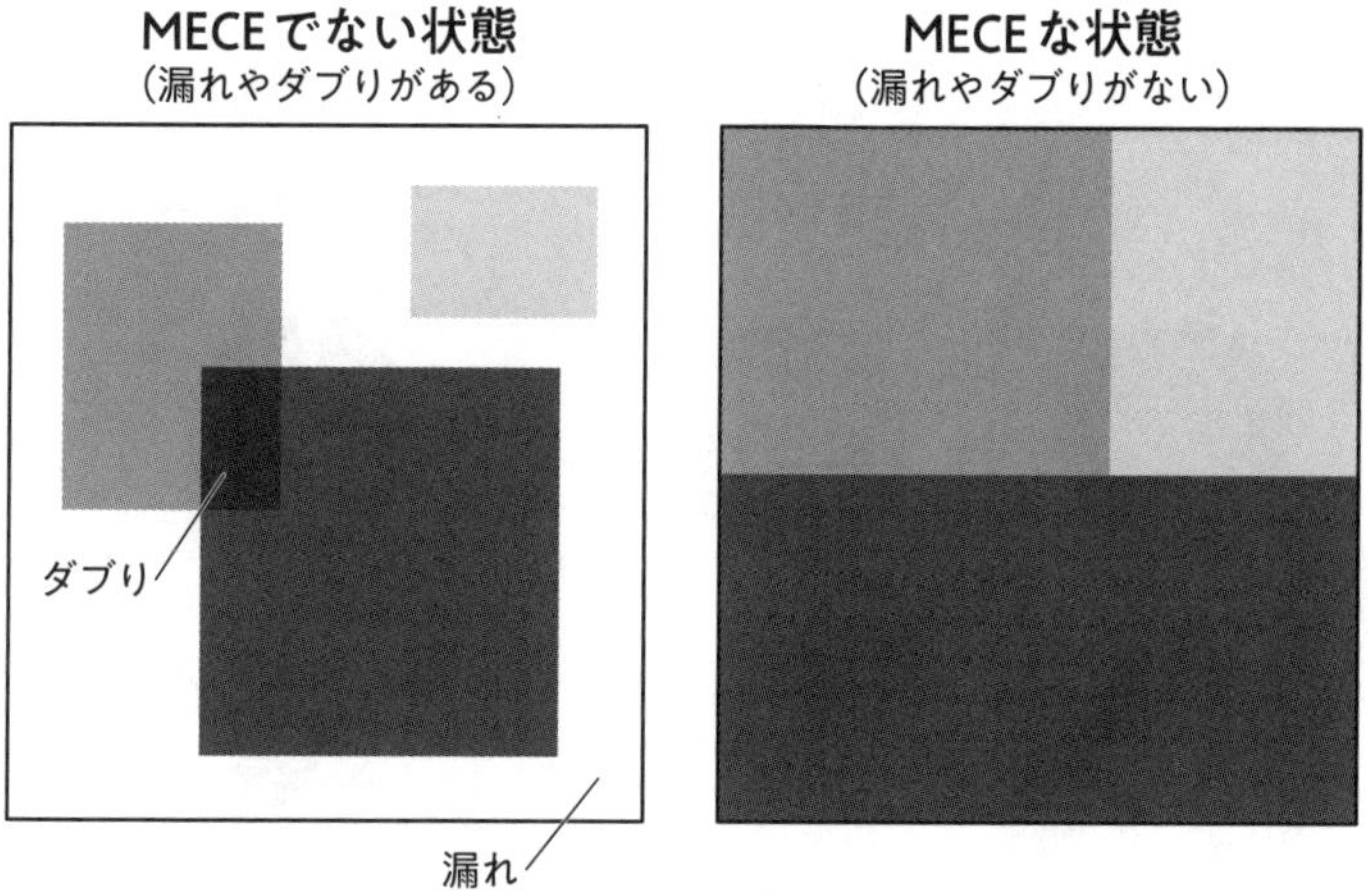

概念だけを解説していてもわかりにくいと思いますので、具体例をお話ししましょう。

たとえば、植物を「バラ科」「アブラナ科」に分類すると、「キク科」「イチョウ科」「ツバキ科」など、たくさんの科名が漏れています。これは漏れあり、ダブりなしの例です。

学生を「運動が得意な学生」と「美術が得意な学生」に分類すると、「数学が得意な学生」は漏れていますし、「運動と美術の両方が得意な学生」もいてダブっています。漏れあり、ダブりありです。

ほかにも、男性全体を「独身男性」「既

ワインをMECEで分類する

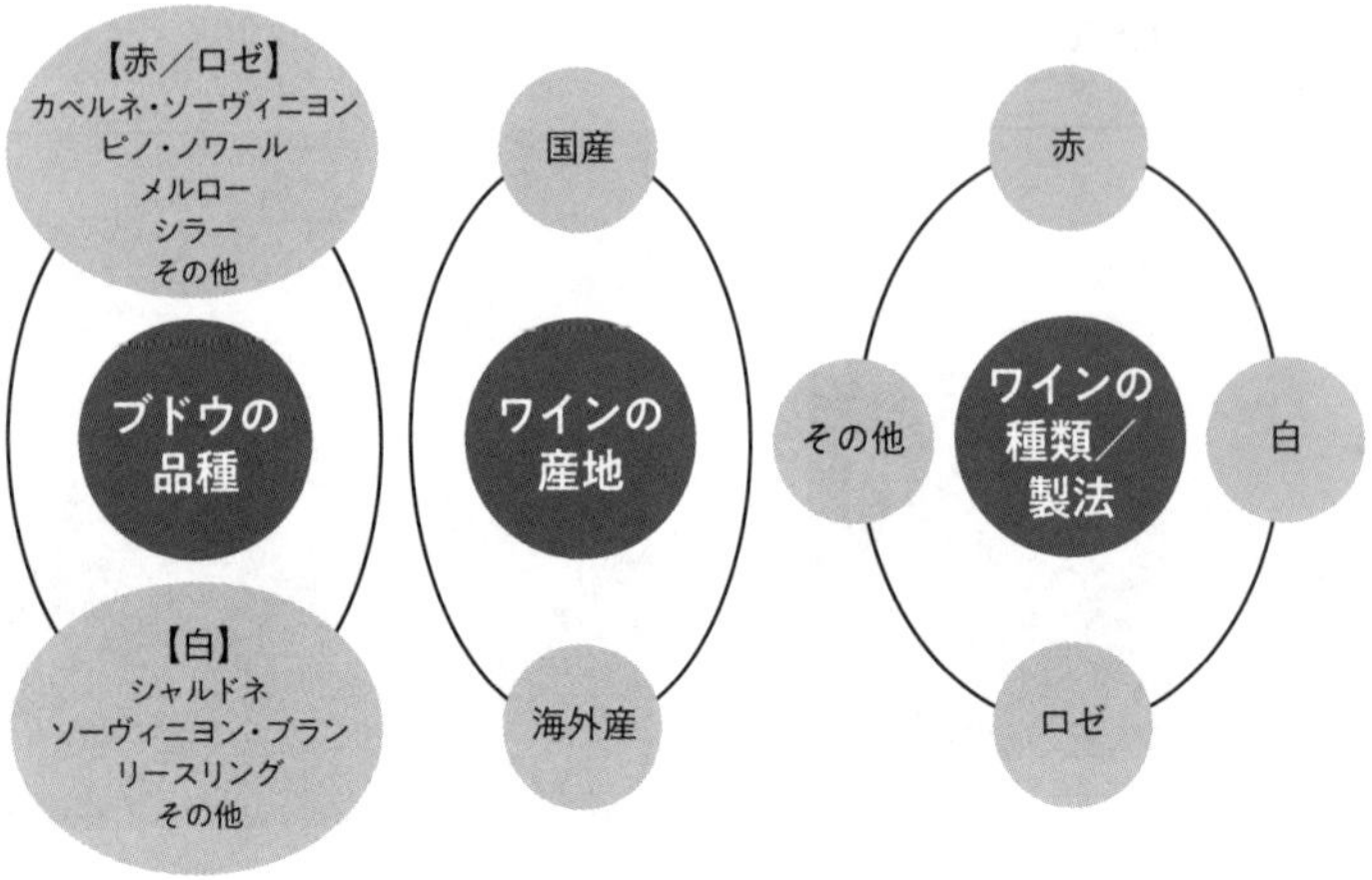

婚男性」に分類した場合はどうでしょうか。漏れもダブりもないので、MECEといえます。しかし、ここに「子どものいる男性」が加わると、ダブりが生じます。「子どもがいる男性は既婚とは限らず、独身でも子どものいる男性がいるからです。これは漏れなし、ダブりありです。

ワインをMECEで分けてみる

ここで実際にワインをMECEに分けてみましょう。

ワインは、ブドウからできています。ワインに使われるブドウの品種はたくさんあります。カベルネ・ソーヴィニヨン、メルロー、ピノ・ノワール、シラー、シャルドネなどの分類が一般的です。ただ、ほかにも珍しい品種があるかもしれないので、「その他」の項目を設ければ漏れはなくなり、ＭＥＣＥとなります。

ワインは、品種以外にも産地や種類／製法などで分けることもできます。

・ワインの産地……「国産」「海外産」
・ワインの種類／製法……「赤」「白」「ロゼ」「その他」

このように分けていくと、それぞれＭＥＣＥに分けることができます。ブドウの品種のように、**細かくなりすぎる項目に「その他」のラベルをつけて、まとめておく**のもポイントです。

情報は、目的によっていろいろな分け方ができます。**問題の根っこを探っていくときにも、「漏れなくダブりなく」という視点で分けていけば、真の問題発見につながりやすくなります。**

The Tool for Deep Thinking

MECEタイプ①
要素で分ける「3C」

MECEについて、もう少し理解を深めていきましょう。MECEにはいくつかのタイプがあります。一つは**母集団を要素で分けていく**ものです。

要素で分ける代表的なフレームワークが**3C**です。

3Cとは**「Customer（市場・顧客）」「Competitor（競合）」「Company（自社）」**の頭文字をとった言葉です。3C分析では「市場はどうなの?」「競合はどうなの?」「自社には、どんな強みがあるの?」と現状を分析し、解決策を見つけていきます。**問題解決以外にも、戦略立案や商品分析など幅広く活用できるツール**として知られています。

Customerに市場・顧客という二つの訳語があるのは、マクロ的な視点で市場全体を見るケースと、ミクロ的な視点で顧客一人ひとりを見るケースがあるからです。

ところで3Cは、マッキンゼーの日本支社代表だった大前研一氏が1980年代に提唱した考え方であり、著書『ストラテジック・マインド』（プレジデント社）の中で紹介しています。

3C分析で、漏れなくダブりなく問題を捉える

3C分析では、最初に市場・顧客分析を行います。市場・顧客が明確になっていないと、競合分析も自社分析もあやふやになってしまうからです。

具体的には、次のような問いを立ててビジネス環境や業界、顧客について分析を行っていきます。


「市場の規模と成長性はどうか？」

「何が購買の決め手となっているのか？」

「市場で勝つのに必要な要素は何か？」

「顧客のニーズはどこにあるのか？」

「技術動向や規制はどう変わるか？」

競合分析では、競合が市場や顧客のニーズの変化にどのように対応しているかを見ていきます。たとえば、以下のようなことを考えます。


「競合はどこなのか？」

「競合のシェアはどうなっているのか？」

「競合は業界をどう見ているのか？」

「競合各社の強み・弱みは何か？」

「新規参入の可能性はあるか？」


競合のビジネスがどのような結果を出しているか、その理由は何かを掘り下げていくということです。そして自社分析では、市場・顧客分析と競合分析に基づき、次のように自社が置かれている環境や強みなどを検証します。


「財務状況やコスト構造はどうか？」

「開発や生産に問題はないか？」

3Cで要素分解

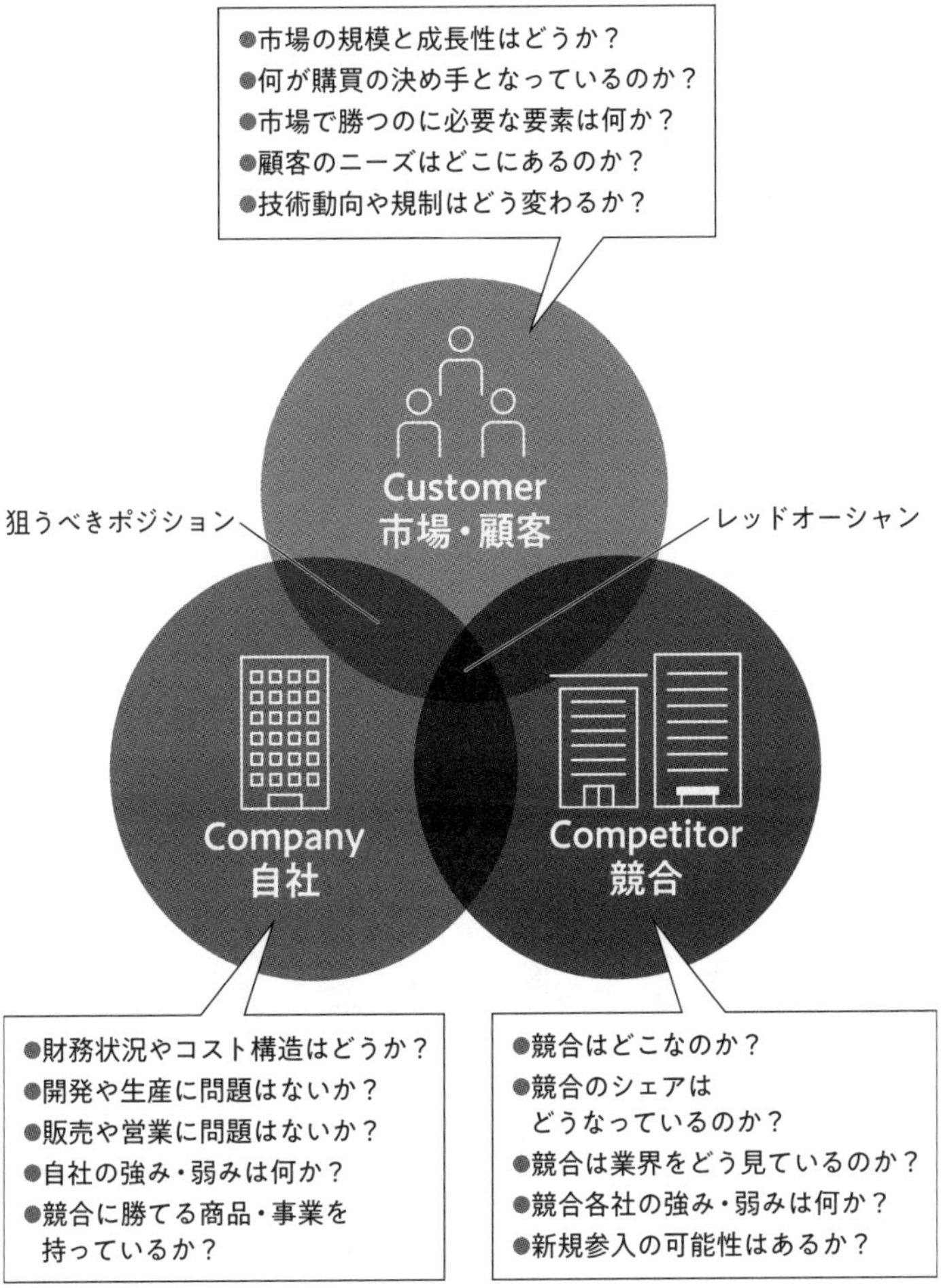
●市場の規模と成長性はどうか？
●何が購買の決め手となっているのか？
●市場で勝つのに必要な要素は何か？
●顧客のニーズはどこにあるのか？
●技術動向や規制はどう変わるか？
Customer
市場・顧客
狙うべきポジション
レッドオーシャン
Company
自社
Competitor
競合
●財務状況やコスト構造はどうか？
●開発や生産に問題はないか？
●販売や営業に問題はないか？
●自社の強み・弱みは何か？
●競合に勝てる商品・事業を持っているか？
●競合はどこなのか？
●競合のシェアはどうなっているのか？
●競合は業界をどう見ているのか？
●競合各社の強み・弱みは何か？
●新規参入の可能性はあるか？

「販売や営業に問題はないか？」
「自社の強み・弱みは何か？」
「競合に勝てる商品・事業を持っているか？」

このように、**最後に自社分析を踏まえて競合が不得意な市場に参入したり、競合の強みを取り入れたりするなどの解決策を探ります。**

3C分析のフレームワークを活用すれば、漏れやダブりなく問題を分析することができます。

私たちは普段、自社（自分）のことばかり考える傾向があります。そのせいで競合の動きを見逃してしまい、すでに同じような商品で先行されていることに気づかないといった失敗を招きます。あるいはまた、市場に目を向けなかったせいで、後から「そもそも市場がなかった」と気づくケースもあります。

こういった間違いを防ぐためにも、3Cを意識して問題を深掘りしてみましょう。

The Tool for Deep Thinking

MECEタイプ②
要素で分ける「4P」

もう一つ、要素で分けるフレームワークに4Pがあります。

4Pとは**「Product（プロダクト：製品）」「Price（プライス：価格）」「Place（プレイス：流通）」「Promotion（プロモーション：販売促進）」**の頭文字《かしら》をとったもの。アメリカのマーケティング学者であるジェローム・マッカーシーが唱えたフレームワークです。

4Pを使ってマーケティング戦略を見直す

マーケティング戦略では、4Pを組み合わせて自社にとって望ましい反応を市場から引きだすことを「マーケティング・ミックス」といいます。

プロダクト（製品）は、どんな製品・サービスを売るのかということです。製品やサービス自体に強みや特徴がないと、プロモーションなどに力を入れても売上を伸ばすのは難しくなります。売れるためには**競合他社の製品・サービスとの差異化**が重要です。

差異化とは、自社の製品・サービスの機能や品質、デザイン、価格、購入方法、販売後のアフターフォローなどの強みを持たせることです。

逆に言うと、今商品が売れていないのは製品の差異化ができていないことが原因かもしれません。ビジネスで問題を分析していくときには、**「自社の製品・サービスにはどんな強み・弱みがあるのか？」といった製品の分析**が重要となります。

プライス（価格）は、製品・サービスの価格設定です。価格設定がうまくいけば、製品・サービスは受け入れられ、売上を伸ばすことができます。逆に、価格設定に失敗すると消費者の支持を得られなくなります。

実際に大ヒット間違いなしとされていた画期的な製品・サービスが、価格設定の失敗によって、まったく売れないという事例も起きています。

価格設定にあたっては、**需要とコスト、競合を考慮**します。価格設定を検証するときも、こうした観点から分析を行っていきます。

プレイス（流通）は、販売チャネル（流通網）を意味します。顧客に対して**「どこで売るのか？」を考え、リアル店舗、ネット通販など最適な販売チャネル**を考えます。

問題を深掘りしていくときも、販売チャネルを分析していけば「販売モールに出店する運用コストを回収できていない」などの問題を発見するかもしれません。そうすれば「もっと魅力的な販売モールに出店する」「自社サイトでの直販を検討する」などの解決策が考えられるでしょう。

そして**プロモーション（販促）**は、製品・サービスを顧客に告知し、興味や関心を呼び起こし、購入へと後押しする活動のすべてを表します。**どのような方法で製品やサービスを知ってもらえるか**を考えます。

プロモーションは、次の4つの要素から構成されます。

①広告・宣伝…テレビ・ラジオ・新聞・雑誌・インターネットなどの有料メディアを使って製品・サービスを告知する方法

②**パブリシティー**…新聞・雑誌、テレビ・ラジオ、ニュースサイトなどでニュースやトピックスとして無料で紹介されること
③**人的販売**…店頭での接客、訪問営業などのセールス全般のこと
④**セールス・プロモーション**…①〜③以外のプロモーション活動。試供品、クーポン、割引券、ポイントカードなど

プロモーションはマーケティングの4Pの中でも重要視されており、問題の深掘りにあたっても見逃せないポイントとなります。

4Pはマーケティング戦略を練る上での基本的なフレームワークですが、問題を深掘りする上でも、漏れなくダブりのない視点を提供してくれる、心強いツールとなります。問題の原因を要素で深掘りしたい際には、テーマに応じて先にご紹介した3Cか、この4Pのいずれかの視点を頼りにしながら思考を深めるといいでしょう。

4Pで要素分解

Product
（製品）
何を売るのか？
Price
（価格）
いくらで売るのか？
4P
Place
（流通）
どこで売るのか？
Promotion
（販売促進）
どうやって伝えるか？
①広告・宣伝
②パブリシティー
③人的販売
④セールス・プロモーション

The Tool for Deep Thinking

MECEタイプ③ ステップで分ける「バリューチェーン」「VRIO」分析

MECEのタイプには「ステップ(工程・段階)で分ける」というのもあります。このタイプの代表的なフレームワークが「バリューチェーン分析」です。

バリューチェーンとは、原材料の調達から商品・サービスが顧客に届くまでの企業活動の工程を、価値の連鎖として捉えたものです。アメリカの経営学者であるマイケル・ポーターが『競争優位の戦略』(ダイヤモンド社)という著書の中で提唱しました。

バリューチェーン分析で工程ごとの強み・弱みを検証する

バリューチェーン分析は、企業の活動を工程ごとに分類し、どの工程でどのような付加価値が生じているかを分析するものです。これにより、どの工程が競合より優れているのかという強みや、逆に劣っている弱みを知ることができます(100ページ上)。

バリューチェーン分析では、企業の活動を調達、製造、物流、販売、サービスの「主活動」と、全般管理、人事・労務管理、研究開発、調達の「支援活動」に分けます。次に、工程別のコストを算出していきます。そして、工程別に強み・弱みを抽出して分析を行います。強み・弱みの定義にあたっては競合他社と比較します。

これによって見えてきた強みをさらに磨いたり、あるいは弱みを補強するといった戦略に役立てるのです。

VRIO分析で競争優位性を見極める

ここでさらにVRIO《ブリオ》分析を行うと、自社の競争優位性がどこにあるかを詳細に検証することができます。VRIO分析とは、バリューチェーンの強みと弱みを**「価値(Value)」「希少性(Rarity)」「模倣可能性(Imitability)」「組織(Organization)」**という4項目に分け、競争優位性をMECEに分析するフレームワークです(次ページ下)。

VRIOのフレームワークは、競争優位性の源泉となっている事業や商品があるのかどうかなど、問題の根っこを発見するときにも使えます。

バリューチェーン分析

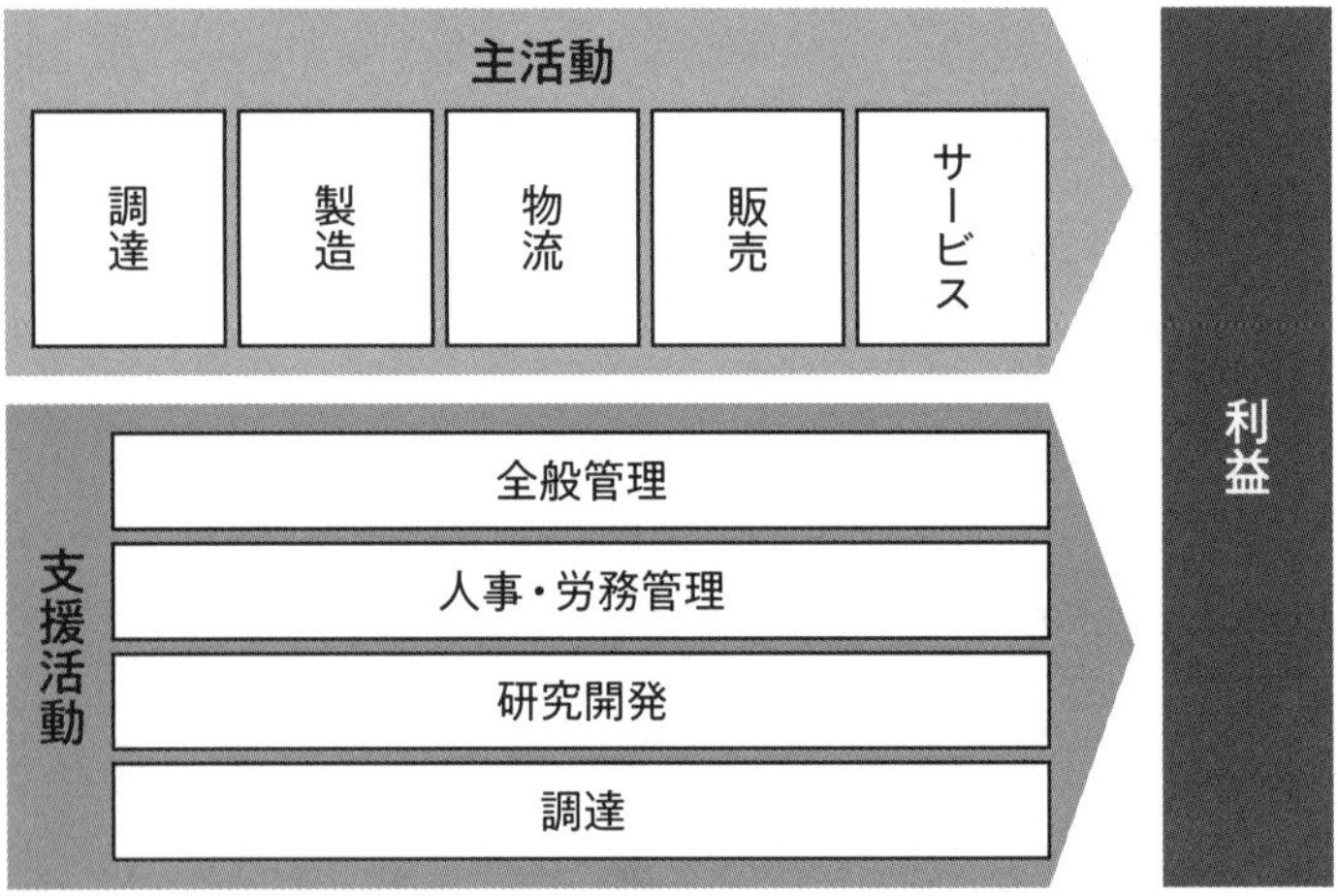

VRIO分析

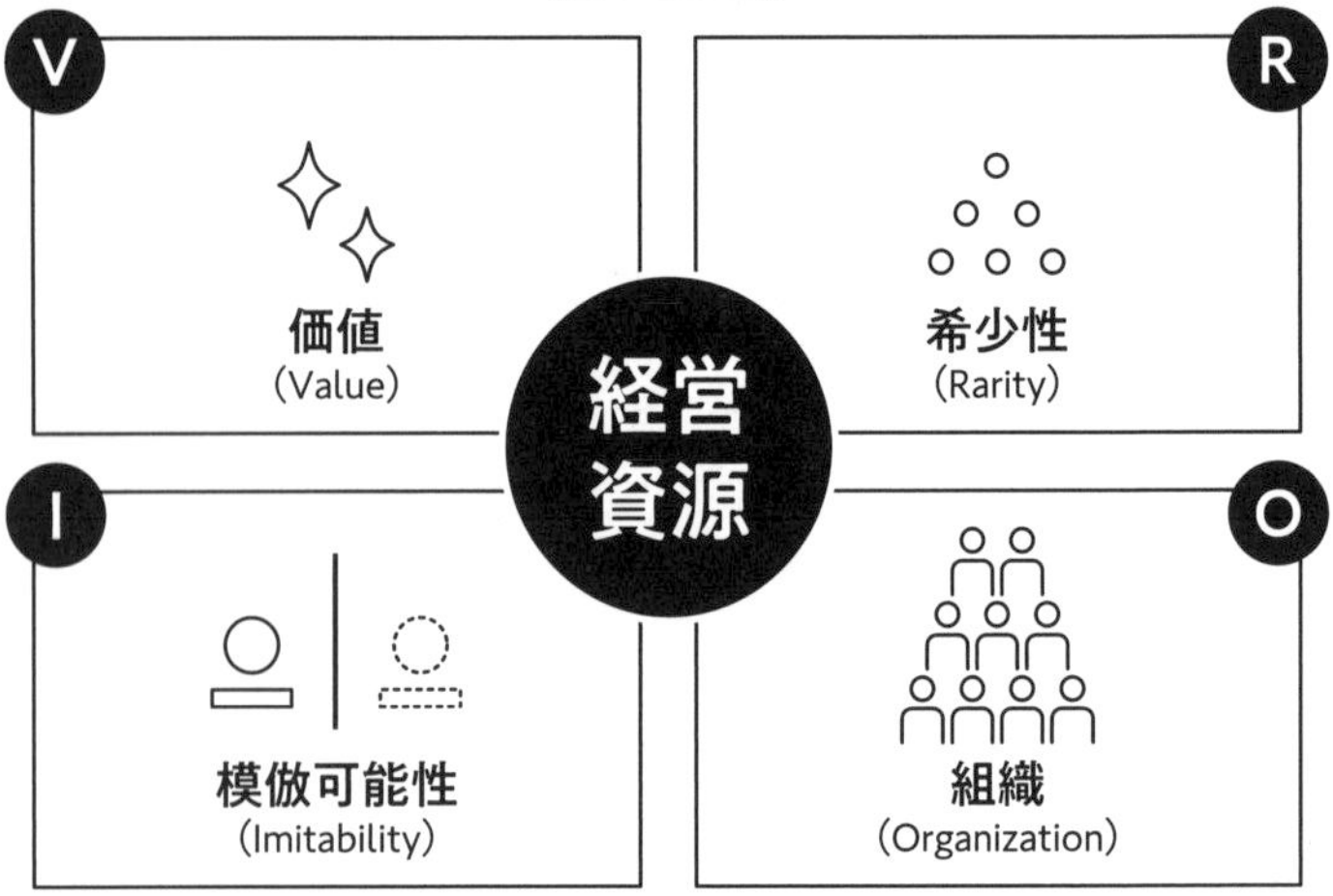

The Tool for Deep Thinking

MECEタイプ④

物事の両面を対照的に捉える

三つめは**物事の両面を対照的に捉える**というものです。わかりやすい例を挙げると、次のようなものがあります。

効率↔効果
質 ↔量
技能↔意欲
事実↔判断

たとえば「人材育成がうまくいっていない」という問題があったとき、「意欲の問題」と「技術の問題」という2軸で捉えれば、漏れ・ダブりなく問題を深掘りできます。

たとえば、クライアントの担当者から「大嶋さん、人材がイマイチなんだよね、どうしたらいいと思う？」と問われたら、**「モチベーションはどうですか？」「技術的な指導はどういうふうにしていますか？」**など、両面から確認しています。

あるいは「営業のスキルがイマイチで成果が出ないいんです」と相談されたときにも、「質」の問題であると断定する前に「質」「量」の両面から問題を掘り下げます。なぜかと言うと、圧倒的な量が質を凌駕することを経験的に理解しているからです。

この場合は、**「営業にはどのくらい時間をかけていますか？」**などと「量」の側面から現状を把握した上で**「営業スキルを高めつつ、もっと営業時間を確保しましょう」**などと解決策を導くこともあります。

「物事の両面を対照的に捉える」というＭＥＣＥを知っていれば、短時間で問題を掘り下げることが可能です。フレームワークは、実にタイパに優れたツールなのです。

ほかにも、ＭＥＣＥに分けられる切り口は存在します。たとえば「短期・中期・長期」「過去・未来・現在」「今まで・これから」など時系列で分ける方法があります。

The Tool for Deep Thinking

問題を発見するための「ロジックツリー」

ここで改めて問題解決のプロセスについて、お話ししたいと思います。

問題解決には一般的な流れ・プロセスがあります。最初に**問題がどこにあるかを明確にする**（問題の明確化）。**その上で、問題の原因を特定する**（原因の特定）。そして、特定した原因を解決するために、**何をするのかを考えて**（解決策の立案）、それを**実行していく**（解決策の実行）です。

この中で、問題の明確化と原因の特定を厳密に分けることはできません。実際に問題解決を行うときには、「どこに問題があるのか、何が問題となっているのか」という問題の明確化と、「なぜその問題が起きているのか」という問題の特定を、同時に行ったり来たりしながら考えていきます。

この二つのプロセスをクリアすれば、問題解決の80％は終わったも同然と言えます。

「ロジックツリー」は問題の明確化と原因特定にも使える

問題の明確化と原因の特定を行うときに有効なツールがあります。「問題発見ツリー」と呼ばれるロジックツリーです。ロジックツリーとは、問題をツリー状に分解し、原因をロジカルに導きだすフレームワークのこと。

文字通り、大きな木の幹から、たくさんの要因に細かく枝分かれしていくので、ロジックツリーと呼ばれます。後ほどお話ししますが、解決策を導きだすときもロジックツリーを活用します。

ロジックツリーの基本形は、三つの階層から形成されます。

頂点となる大項目（第1階層）には解決したい問題を設定します。たとえば、「アイスクリームが売れないのはなぜか?」と書きます。

次に、大項目に書いた問題の原因を中項目（第2階層）に書きます。たとえば「商品の問題」「接客の問題」「売り場の問題」などです。

さらに、中項目の問題をさらに、小項目に分解していきます。原因を洗いだしたら、上下の階層に矛盾がないか、漏れ・ダブりがないかを確認します。

問題発見ロジックツリー

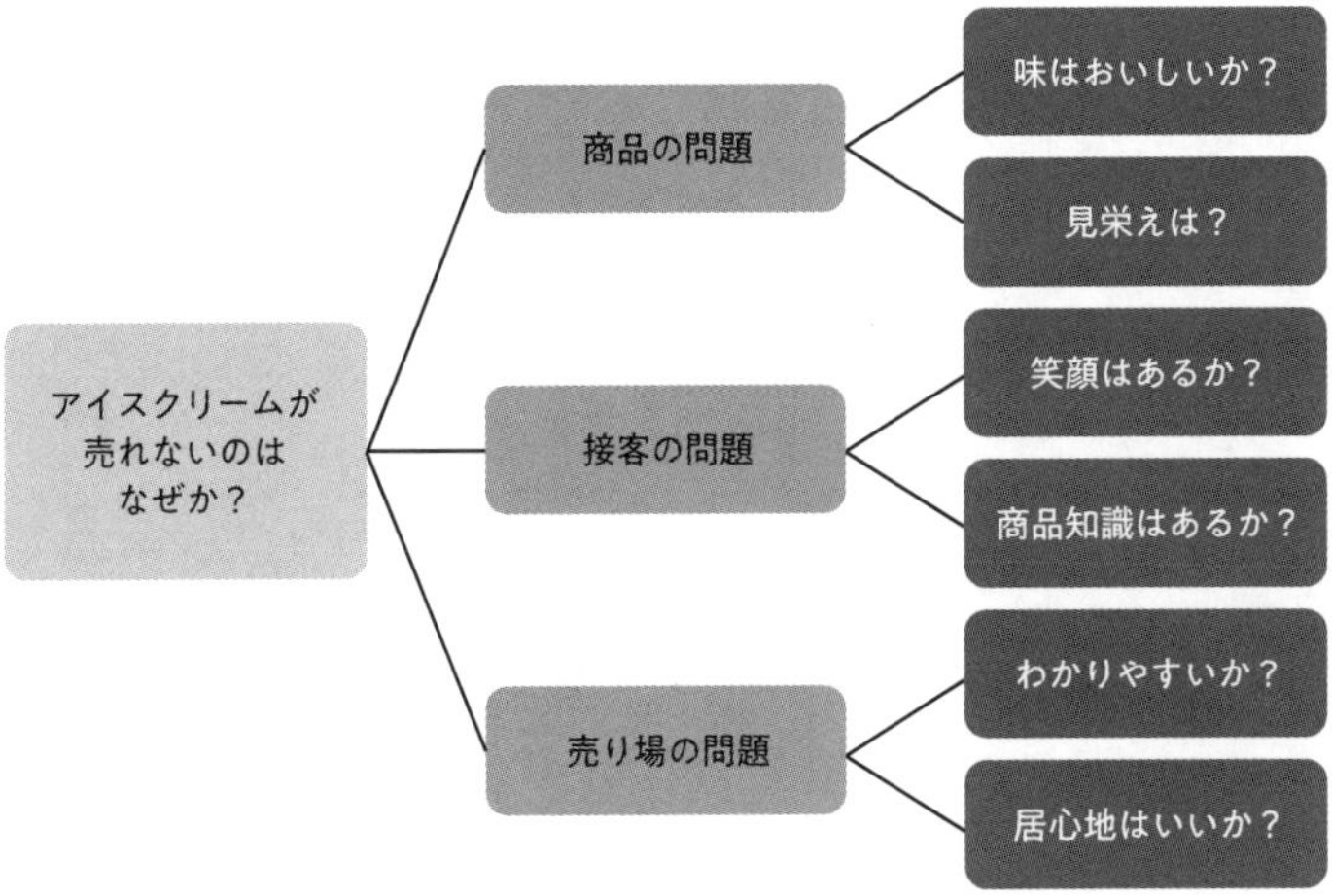
アイスクリームが
売れないのは
なぜか？
商品の問題
接客の問題
売り場の問題
味はおいしいか？
見栄えは？
笑顔はあるか？
商品知識はあるか？
わかりやすいか？
居心地はいいか？

このとき、重要なことが三つあります。

一つめは**漏れなく、ダブりなく分解すること**です。漏れやダブりがあると、真の問題を見逃したり、後からやり直しで手間と時間を浪費したりしてしまいます。

二つめは**事実（ファクト）ベースで行うこと**です。人間が考えることなので、どうしても感情が入りがちですが、感情に流されると問題解決から遠ざかってしまうので要注意です。

そして三つめは**重要度の低いことは掘り下げない**、です。ロジックツリーで問題を分解すると、あまり重要でないことも出てきます。重要度の低い問題の検討に時間をかけることは避けてください。

The Tool for Deep Thinking

「Whatツリー」で問題を明確にする

ロジックツリーの中で、問題の明確化に有効なのが**問題発見Whatツリー**です。

Whatツリーは**問題の構成要素を分解する**ときに使います。

たとえば、大項目に「商品Aの売上減少」という問題を書いたとします。次に、それを分解していきます。「どこで問題が起きているのか」で分解していくと、a地域、b地域、c地域……という具合に要素を分解できるわけです。

このときのポイントは「広がり」です。先ほどお話ししたMECEによって、漏れなく、ダブりなく分解していくことが重要です。

地域で漏れなく、ダブりなく分解したら、商品Aの売上が減少しているのはどの地域かを特定します。a地域、b地域とも売上の減少はなく、c地域で減少していると判明したときには、c地域をさらに「○○県」「△△県」に分解して、どの県で売上が減少していっているかを見つけていきます。これが問題の「深掘り」です。

このように問題を明確化していくのが、問題発見Whatツリーです。

問題発見Whatツリーは「広がり」と「深掘り」のバランスで使いこなせ

「広がり」においては、漏れなく、ダブりなく分解していくMECE感覚が非常に重要です。ただし、きっちり完璧にMECEにしようとしなくても大丈夫。たとえば、とりあえず「○○」と「それ以外」に分解しておき、後から「それ以外」を分解していくというのも一つの方法です。

「深掘り」に関しては、**より具体的であることを意識**することが大切です。抽象的な言葉が続いているときには、うまくいっていない可能性が高いです。どんどん深掘りしていくと、ほかの項目と重なる言葉が出てくるかもしれません。

ただ、ここでも厳密にMECEでなくても大丈夫です。最初の階層くらいから第2階層くらいまではMECE感覚が重要ですが、その先は、あまり厳密を追求しすぎないようにしましょう。

The Tool for Deep Thinking

「Whyツリー」で問題の原因を洗いだす

問題の原因を洗いだすときに活用するのが**問題発見Whyツリー**です。

たとえば、ある教育系ソフトメーカーで、営業メンバーの1案件あたりの売上額が下がっているという問題があったとします。

この問題の原因を特定するためにどうするのか。問題発見Whyツリーの展開の仕方を見ていきたいと思います（次ページ図）。

まず、第1階層に「営業メンバーの1案件あたりの売上額が下がっている」という問題を置きます。次に、その原因をMECE感覚で分解していくわけです。

たとえば、「新規顧客の紹介ルートの数が減少しているのでは？」「商品そのものの魅力度はどうなんだろう。それが低下しているのでは？」「営業メンバーの営業力が

問題発見Whyツリー

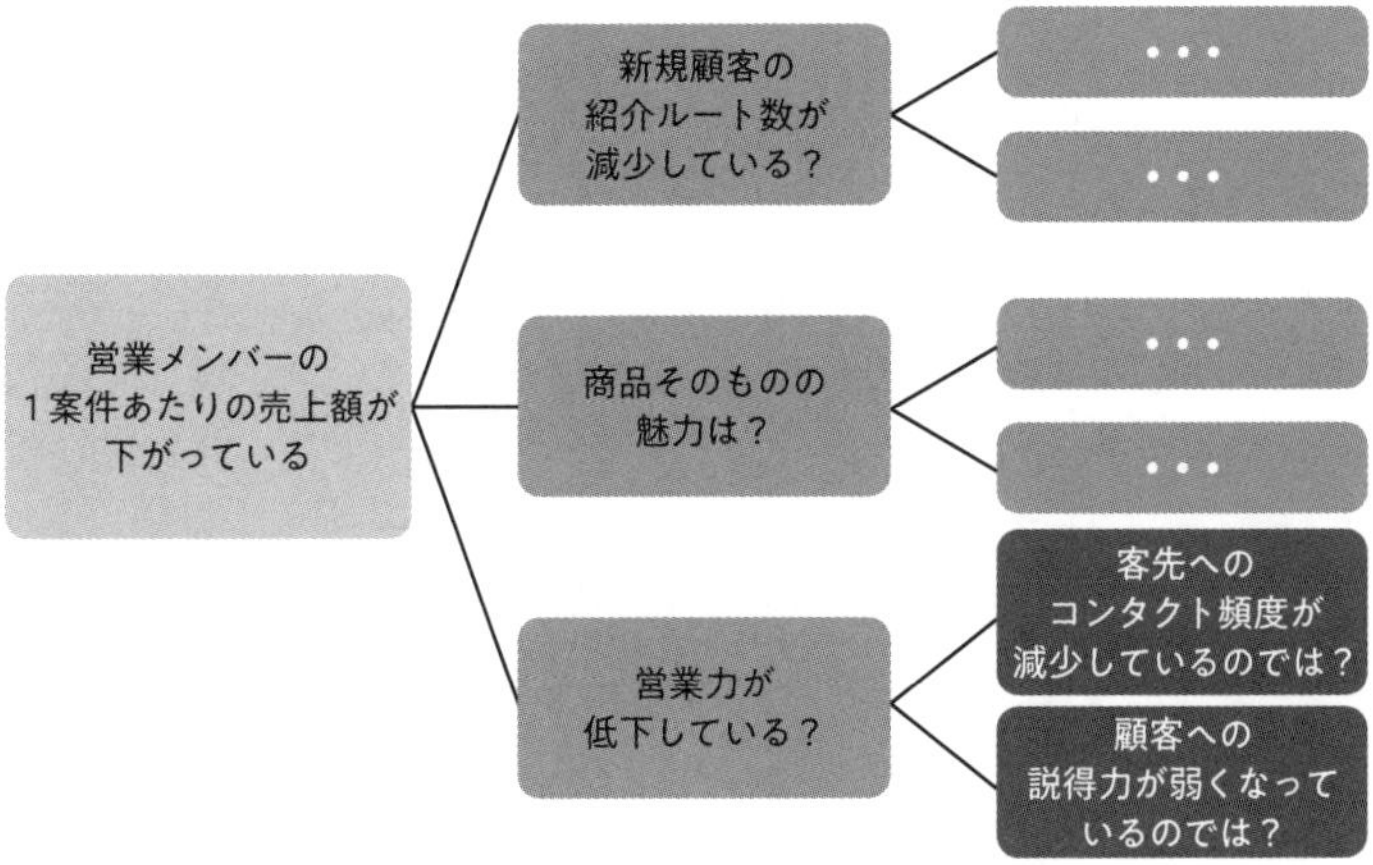
営業メンバーの
1案件あたりの売上額が
下がっている
新規顧客の
紹介ルート数が
減少している？
商品そのものの
魅力は？
営業力が
低下している？
・・・
・・・
・・・
・・・
客先への
コンタクト頻度が
減少しているのでは？
顧客への
説得力が弱くなって
いるのでは？

低下しているのでは？」などと分解します。

漏れなく、ダブりなく原因を挙げていく中で、営業メンバーの営業力の問題があると考えたとしましょう。

営業メンバーの営業力低下は、さらに「客先へのコンタクト頻度が低くなっているのでは？」「顧客への説得力が弱くなっているのでは？」などの原因に分解できます。

このように原因を分解した結果、セールスパーソンの説得のスキルに問題があるようだ、と特定していくのです。

問題発見Whyツリーは要素の漏れがないように、「広がり」を意識

Whyツリーを使って展開するときは、広がりを担保することを意識しましょう。問題の原因となる要素が漏れないようにするということです。

また、原因を分解する際は、漏れがないようにMECE感覚で展開していきます。ここで、原因が割りだされるかどうかが重要なポイントとなります。

新規顧客のルート数や商品の魅力度に目を向けていると、肝心の「セールスパーソンの説得力が弱くなっている」という問題が漏れてしまい、真の問題が見逃されてしまいます。第1章で6人の盲人の寓話を紹介しましたが、その例で言うと「象だと特定できない」ということになります。

問題解決Whyツリーは、正しく使えば「真の問題は何か」を深掘りしていく上で非常に有効なツールとなります。ぜひ、チャレンジしてみてください。

2-1 真の問題を発見する

ここで再び「問題解決1枚シート」に戻りましょう。

最初に1-1に現状の問題を書きだし、1-2「問題の深掘り」で問題を掘り下げるのでしたね。

もう一度確認しておくと、**問題解決において重要なのは、目の前の現象に対症療法的に反応するのではなく、真の問題解決に取り組むこと**です。**問題が起きている根っこの原因を取り除く**ということです。

根っこの原因を取り除くことができれば、問題の再発を防ぐことができます。また、問題を改善でき、成果を出すことにもつながるでしょう。

たとえば、上司から「サイトを作って」と言われたとき、サイトを作れそうな会社をリストアップして提示するのは、対症療法的な反応です。

「どうして上司はサイトを作れと言ったのだろう？」

「なぜサイトを作る必要があるんだろう？」

などと考え、根っこの原因となっていることを明確にした上で、それを取り除くための発想をすることが重要なのです。

深掘りしても問題が変わらないこともある

1-2で問題を掘り下げ、真の問題が見えてきたら、それを**2-1**の「問題の発見」に書き入れます。シンプルに1～2行程度で言語化するのがポイントです。

2-1は、たいてい**1-1**で書いた問題とは異なる文章になります。ただし、**1-1**とまったく変わらない場合もあります。変わらなかったからと言って、「私は真の問題を発見できなかった」と落ち込む必要はありません。

深掘りしても、問題が変わらなかったときは、同じ問題を**2-1**に書き入れてください。それが真の問題であれば、後に解決策を実行したときに、きちんと成果が出るはずです。もし成果が出なかったら、改めて問題を掘り下げて書き直しましょう。

2-1 問題の発見	**問題の再設定** この商圏には、 アイスクリームのニーズがなかった
2-2 ゴールイメージ	**ありたい姿**

3-1 解決策の策定

解決策

3-2 何から始める	**解決策まとめ**

さて、前述のアイスクリームショップの事例では、1－2で「問題の深掘り」をした結果、商品に魅力がないわけではなさそうだとわかりました。なぜなら、ほかのエリアではよく売れている商品だったからです。

そこで、アイスクリームという商材と、立地や商圏との相性がよくないのではないかと仮説を立て検証した結果、**「この商圏には、アイスクリームのニーズがなかった」**という問題を発見したので、それを2－1に「問題の発見」として書き入れることにしました（前ページ）。

2-2 ゴールイメージを持つ

2-1に発見した問題を書いたら、次に「この発見した問題を解決したあかつきに、どんな状態になっていたいか」を**2-2**の「ゴールイメージ」に書きます。3カ月後、あるいは1年後などに「こんな状態になりたい」という理想像を、ここでも1～2行程度で書くのが理想です。

ここは定性的なゴールイメージでもいいですが、可能であれば「半年で黒字転換」「1週間で1000人来店」など、定量的な内容を書いてみてください。

2-1で、アイスクリームショップはこの商圏ではやっていけなさそうだという結論に達したので、**2-2**には「業態を変更して、売上を3カ月で3倍にする」と記入しました（次ページ）。

2-1 問題の発見	**問題の再設定** この商圏には、 アイスクリームのニーズがなかった
2-2 ゴールイメージ	**ありたい姿** 業態を変更して、 売上を3カ月で3倍にする！

3-1 解決策の策定

解決策

3-2 何から始める	**解決策まとめ**

未来志向で考えることで、視野が広がる

「問題解決1枚シート」では、1-2の「問題の深掘り」が重要なことは言うまでもありませんが、この「ゴールイメージ」の描き方も、もう一つの重要ポイントです。

「自分はこうなりたい」という**将来のあるべき姿**を描くことによって、視野が広がり、**逆算で問題解決策を考える**ことができるようになるからです。

人は目の前に立ちふさがる問題が大きければ大きいほど、現在地からの積み上げではなく、未来のゴール地点から思考するほうが、自由な発想で考えられる傾向があります。

「ゴールイメージ」を考えるときには、数々の問題はいったん脇に措《お》いて、「そもそも自分（たち）はどうなりたいのか」を、具体的にイメージしてみましょう。

その上で、次ページからはいよいよ3-1「解決策」を考えていきます。

3-1 解決策を検討する

ここからは、3-1「解決策」です。ゴールイメージに向かって、問題を解決するために何をするか。その解決策をどんどん書きだしていただきたいと思います。

このとき、次のような問いを自問しながら考えていくとよいでしょう。


「どうしたらうまくいくか？」

「いつまでに何をするか？」

「今、できることは何か？」

「原因を解決する行動は何か？」

「誰に相談したらよさそうか？」……

解決策は「真の問題」を解決するものでなくてはなりません。第1章の庭師の話では、葉っぱに異常があるとき、単に葉っぱにクスリを塗るのではなく、根っこの原因を探すことが重要でしたね。

アイスクリームショップの事例もこれと同じで、根っこの原因を解消するための解決策を意識します。

2-2で、業態を変更すると決めたので、3-1ではどんな商品にニーズがあるかを検討します。さまざまな選択肢を書きだしてみた結果、「フルーツショップ」が一番売れそうだ、との結論に達しました（次ページ）。

2-1 問題の発見	**問題の再設定** この商圏には、 アイスクリームのニーズがなかった
2-2 ゴールイメージ	**ありたい姿** 業態を変更して、 売上を3カ月で3倍にする！

3-1 解決策の策定

解決策

・アイスクリームショップをやめて別業態にする
　→厨房設備の問題から、調理は難しい
　→素材をそのまま提供できる業態がいい
　→コーヒーショップ？
　→サラダバー？
　→フルーツショップ？
　→ドリンクバー？　…
　　↓
　フルーツショップに業態変更！

3-2 何から始める	**解決策まとめ**

問題解決Howツリー

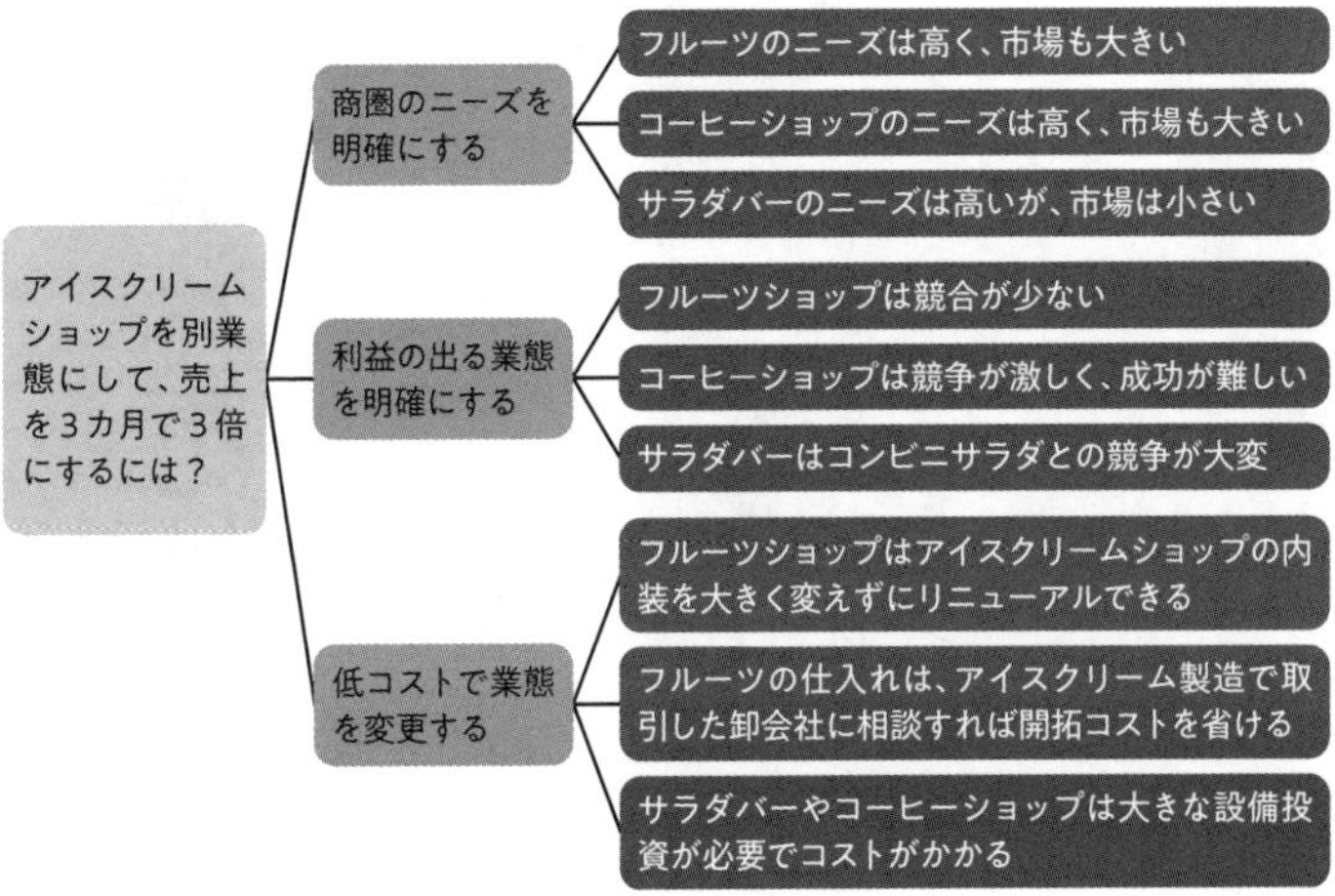
アイスクリームショップを別業態にして、売上を3カ月で3倍にするには？
商圏のニーズを明確にする
フルーツのニーズは高く、市場も大きい
コーヒーショップのニーズは高く、市場も大きい
サラダバーのニーズは高いが、市場は小さい
利益の出る業態を明確にする
フルーツショップは競合が少ない
コーヒーショップは競争が激しく、成功が難しい
サラダバーはコンビニサラダとの競争が大変
低コストで業態を変更する
フルーツショップはアイスクリームショップの内装を大きく変えずにリニューアルできる
フルーツの仕入れは、アイスクリーム製造で取引した卸会社に相談すれば開拓コストを省ける
サラダバーやコーヒーショップは大きな設備投資が必要でコストがかかる

解決策もロジックツリーで考える

解決策を考えるときもロジックツリーは有効です。ここでは「問題解決Howツリー」を紹介しましょう。

まず、第1階層に解決したい問題を設定します。次に、その問題を解決する方法を第2階層に分解し、さらに細かい解決策を第3階層に洗いだします。たとえば「売上を3カ月で3倍にする」という問題を、どのように（How）解決するかという視点で、「商圏のニーズ」「利益」「コスト」の三つの要素に分解します。以降の階層も、Howの視点で分解します。ここでもMECE感覚を意識してください。

3-2 解決策に優先順位をつける

シートのココ

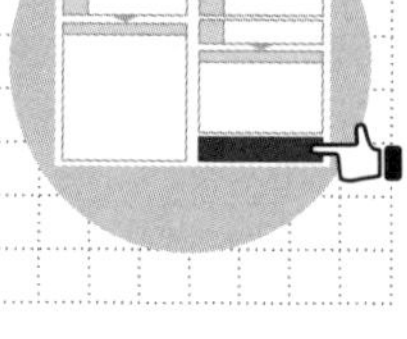

3-1で出てきた解決策の中から、最初に取り組むことを3-2「何から始める」に書き入れます。

解決策がたくさん出た場合、どうしてもあれもこれもやりたくなります。しかしここで重要なのは、**優先順位をつける**ことです。そうしなければ、結局どれから手をつければいいのかわからず、最初の一歩を踏みだすことさえできません。

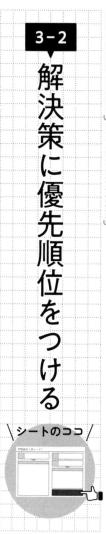

3-2で、まず何から手をつけるかを決めることで、解決策に対する行動計画が立てやすくなるのです。

次ページの事例では、フルーツショップに転換することを決めたので、そのために最優先でやらなければいけないこととして「フルーツの卸会社に相談する」と記入し

2−1 問題の発見

問題の再設定
この商圏には、
アイスクリームのニーズがなかった

2−2 ゴールイメージ

ありたい姿
業態を変更して、
売上を3カ月で3倍にする！

3−1 解決策の策定

解決策

- アイスクリームショップをやめて別業態にする
  →厨房設備の問題から、調理は難しい
  →素材をそのまま提供できる業態がいい
  →コーヒーショップ？
  →サラダバー？
  →フルーツショップ？
  →ドリンクバー？　…
  ↓
  フルーツショップに業態変更！

3−2 何から始める

解決策まとめ
フルーツの卸会社に相談する！

重要度×緊急度マトリクス

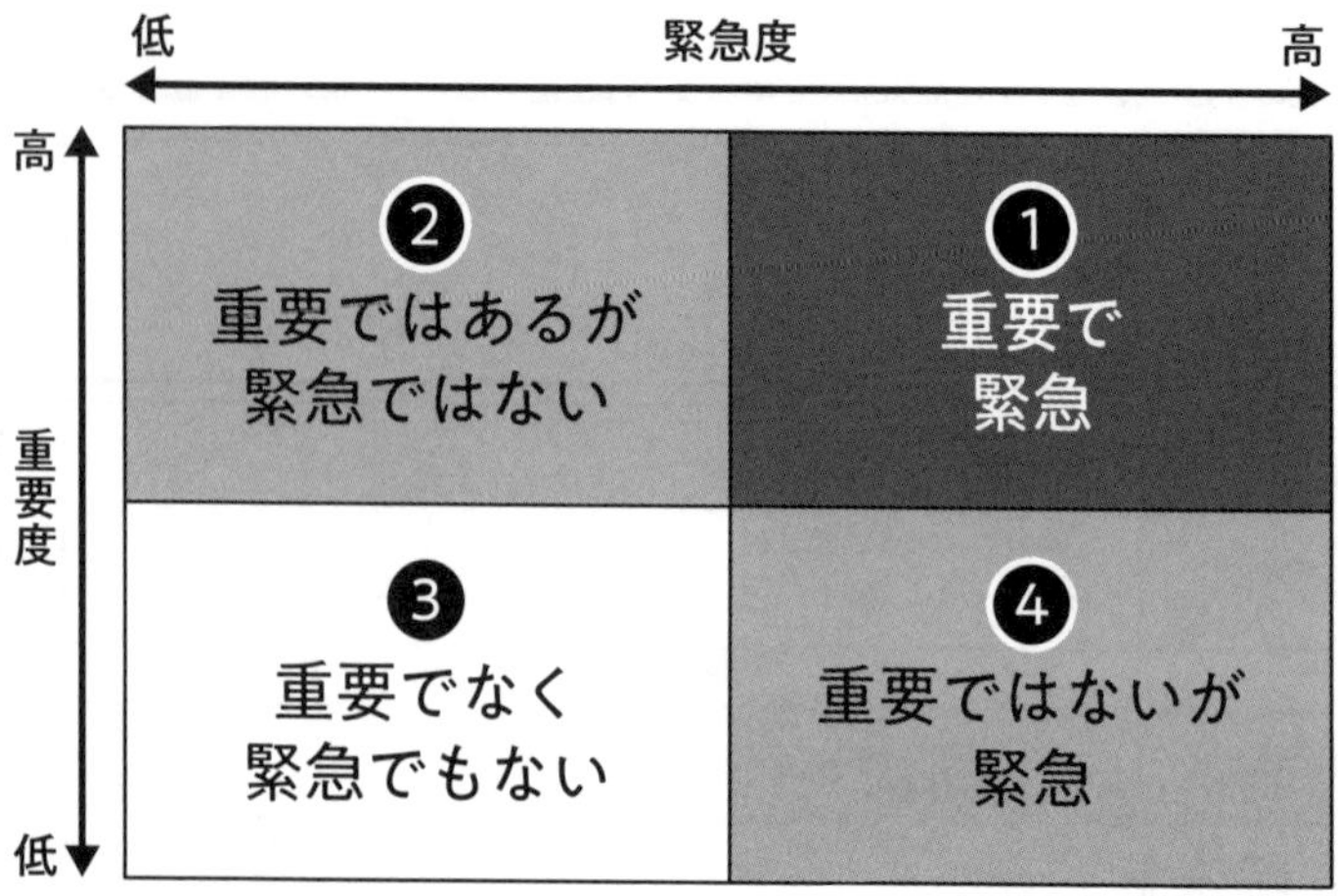

ました。

優先順位に迷ったら「重要度×緊急度マトリクス」で検証する

優先順位をつけるときに有効なフレームワークをご紹介しましょう。

まずは、**「重要度×緊急度マトリクス」**です。これは、思考や情報をMECEに分類する方法であり、解決策を「重要度」と「緊急度」の2軸のマトリクスで4つに分類し、優先順位をつけるためのフレームワークです。

3-1で書きだした解決策を、マトリクスに落とし込んでみてください。重要度も緊急度も低い解決策は取り組む必要がなさそうです。

重要度が低いものの緊急度が高い解決策は、一見すると取り組む価値がありそうですが、大きな成果がもたらされることはほとんどありません。いわば見せかけの問題解決策です。

重要度も緊急度も高い解決策は、大きな成果に結びつきます。当然、優先順位を高くして真っ先に取り組むべきです。

ただし、重要度が高く緊急度が低い解決策を意図的に選ぶという視点も重要です。この解決策は未来につながる可能性が高いからです。

目標設定のSMART

目標設定にはＳＭＡＲＴ《スマート》というフレームワークがあります。ＳＭＡＲＴとは、５つの基準に沿って目標を立てるための手法で、その５つの頭文字をとってＳＭＡＲＴと名づけられています。ビジネスの解決策を考えるときには、ＳＭＡＲＴを満たしているかどうかを確認することも有効です。

５つの基準とは以下のとおりです。

● Specific（具体的か？）

解決策は具体的に設定されているか。企画にかかわるメンバーの誰が見ても理解できるレベルまで落とし込まれているかを検討します。

● **Measurable（測定可能か？）**

設定している解決策は**測定可能か。定量的な内容かどうか**は重要なポイントです。フィードバックのためにも測定可能なものにしておくことが望ましいでしょう。

● **Achievable（達成可能か？）**

あまりにも理想論すぎる解決策を立ててもモチベーションは上がりません。戦略を練り努力を重ねることで達成できる**現実的な解決策かどうか**を確認します。

● **Relevant（経営目標に結びつくか？）**

解決策の実行が**組織の目標達成に貢献するか**。組織と個人の両方を視野に入れて解決策を設定します。**個人の目標が達成された先に組織の目標がある**ことが大切です。

● **Time-bound（時間制約があるか？）**

解決に**期限があるかどうか**。人は期限がないと先送りしてしまうものです。仕事においで期限がないものはありません。問題を解決してあるべき姿を実現するまでの時

目標達成のSMART

Specific（具体的か？）

Measurable（測定可能か？）

Achievable（達成可能か？）

Relevant（経営目標に結びつくか？）

Time-bound（時間制約があるか？）

間的制約を設けて、ダラダラと引き延ばされないようにします。

さて、ここまで「問題解決1枚シート」の書き方についてお話ししてきました。

解決策をまとめることができたら、早速今から着手してみてください。一度取り組んでみて、うまくいけばそれでよいのですが、もちろんうまくいかないケースもあると思います。

うまくいかなかったときは、そのとき感じた問題を改めてシートに書き入れ、もう一度問題を深掘りしていきます。繰り返すことで問題解決に近づいていくのです。

ロジックツリーを使うときの注意点

ここで、ロジックツリーを使うときの落とし穴についても触れておきます。

よくあるケースとして、ロジックツリーを書き始めると、階層を深めることに夢中になり、ツリーを仕上げることが目的になってしまう人がいます。しかし、ロジックツリーはあくまでもツールであって、**目的は問題の根っこを突き止めること**です。

一般的には第3~第4階層まで深めれば、感覚的に「このあたりが原因かもしれない」という気づきが得られると思います。それ以上は階層を深める必要はありません。

これは、第3~第4階層まで深められたらOKということではなく、場合によっては第2層で原因が明らかになるケースもあるでしょう。

いずれにしても、第5~第6階層以上になると、たいていは「作業」になってしまうので注意が必要です。止《と》めどころは経験を積みながら肌感覚でつかんでください。

止めどころがよくわからないという人は、周りにいる「目利《めき》き」にアドバイスを求めるのもよいでしょう。「この人はすごい」「いつも成果を出している」と思える先輩や上司に「こんな感じで考えているんですけど、どうでしょうか」などと尋ねて、アドバイスをもらいながらセンスを磨いていきましょう。

「体言止め」より「動詞で文章化」する

また、ロジックツリーは「営業部の問題」「スキルの低下」「離職者が頻発」など簡潔な体言止めで作ることが多いと思います。それ自体はよいのですが、最終的に真の問題を特定するときには、動詞で文章化することが大切です。

たとえば「商品の魅力度」などと書くと、なんとなく商品に問題があるのはわかるものの、具体的にどこがどう問題なのかはぼんやりしています。一方、「商品のバリエーションが少なく、顧客が魅力的に感じない」というように動詞を使って文章化すれば、問題はより明確になります。

ロジックツリーを作成した後は、動詞による問題の文章化を忘れないようにしてください。文章化できない場合は、問題の掘り下げが足りていない可能性があります。「なぜそうなっているのか？」「何が起きているのか？」を考えた上で、もう一度動詞で文章化を試みましょう。

「What」「Why」「How」…複数組み合わせて掘り下げる

なお、「Whatツリー」は「何が問題か？」という要素を分解していき、「Whyツリー」は「なぜそうなったか？」という原因を掘り下げていくためのツリーですが、**厳密にWhatやWhyにこだわらなくても大丈夫**です。

Whatツリーで「なぜそうなったのか？」を考えてもよいですし、その逆も然《しか》りです。あるいは「Where（いつ？）」「How（どのように？）」「Who（誰が？）」などの観点から階層を深めていくのもアリです。

一つの問いかけだけでなく、複数の問いかけを組み合わせながら階層を深めていくのもロジックツリーの正統なスタイルなのです。

図解思考が苦手な人は「文章」で考える

繰り返しになりますが、ロジックツリーはあくまでもツールの一つです。**真の問題を突き止めることさえできれば、べつにツリーを作る必要はない**わけです。

実は、人には思考の得意不得意があります。**図解で思考するのが得意な人もいれば、文章で書いたほうが思考が深まる**タイプの人もいます。

私自身はもともと、図解よりも文章で思考するほうが得意なタイプでした。マッキンゼー1年目でロジックツリーに触れたときには、思考が止まってしまい、うまく展開できなかったのを覚えています。

先輩たちがホワイトボードを使って、さらさらとロジックツリーを展開していくのを見て「私って能力がないのかもしれない」と落ち込みました。

しかし、後になってからロジックツリーの形にしなくても、文章で書きだせば似たような解決策を導くことができると気づきました。実は図解化が不慣れだっただけで、頭の中では構造で理解できていたのです。

付箋を使って文章化、グルーピングでツリー構造に当てはめる

この本をお読みの読者の中にも、「いきなりロジックツリーを作るのは難しいけど、ノートに箇条書きで思いつく問題を書きだすことならできる」という人はいるはずです。その場合は、あえてツリーを作らずに、「気になっていることは何か？」「なぜ問題が起きたのか？」「どこに問題があるのか？」などを考えてひたすら書きだしていきましょう。

ひと通り箇条書きにした上で、「これは採用に関する問題」「これは研修に関する問題」「これは配置に関する問題」などと似たような内容をグルーピングしていきます。付箋《ふせん》を活用すればグルーピングしやすいと思います。

グルーピングした上でツリーに当てはめれば、結果的にロジックツリーは作成できます。一番下の階層から上位の階層に向かって階層を立ち上げていくイメージです。これなら、図解が苦手な人でも問題を構造的に捉えることは可能です。

最初は文章でまとめてツリー状にする。それを何度も続けているうちに、経験的に問題を構造化できるようになり、最初からチャートを使ってロジックツリーに展開できるようにもなります。

たとえば、「商品の問題」だったら「値段の問題と商品そのものの問題に分解できるな」などと瞬時に頭の中で構造化ができます。

これは会社などで何度も企画書を作成しているうちに、自然と企画書のフォーマットにしたがって企画内容をまとめられるようになるのと同じです。

必ずロジックツリーを作成する必要はありませんが、ツリーを作れば問題を漏れなくダブりなく見える化できます。

問題をすべて分解した上で、真の問題を明確化できれば、社内で上司などを説得するのが非常にラクになります。

「アイスクリームの売上が上がらない原因を検証した結果、この通り、そもそもこのエリアにアイスクリームのニーズがないことがわかりました」と言えば、上司のほうも「商品力がないんじゃないの？」などと思い込みで反論するのが難しくなります。

つまり、ロジックツリーは**説得のためのツール**でもあるのです。

ロジックツリーは説得ツール

問題を分解した結果、この通り、
売れない原因はニーズの
ミスマッチにありました。
この地域でアイスクリームは売れません。
業態を変更しましょう！
そ、そうだね…
(なるほど)

ＭＥＣＥに縛られすぎると目的を見失う

１０７ページでも触れましたが、ＭＥＣＥ感覚で原因を分解していくときには、**ＭＥＣＥに厳密にこだわりすぎない**ことが重要です。

実は、人間は漏れなく、ダブりなく思考することが不得意です。

私自身も本質的には直感で思考するタイプだと思いますし、研修をしていても直感的な人のほうが多いと実感します。おそらく人間の頭脳は、本来直感型なのでしょう。ＭＥＣＥは科学が発達してから提唱されるようになった概念であり、人類が最近になって手にしたフレームワークです。**人間が長い歴史の中で、育んできた思考法とは根本的に違う**のです。

私は、大前研一氏が「ロジックは人を納得させるために使うものであり、みんなが納得するのであれば、別にロジックは必要ない」といった内容の発言をしていたのを覚えています。要するに、ロジックを絶対視するなということでしょう。

「漏れ」さえなければ「ダブり」はあってもよしとする

そもそも私たちは数学の問題を解いているわけではなく、ビジネスをしています。あくまで目的は問題解決です。重要なのは問題を特定して解決して成果を出すこと。

問題を深掘りしていくとき、漏れなくダブりなく分解することに集中していると、そこで思考が止まってしまいます。あるいは、厳密に分解すること自体が楽しくなってしまいます。

このようにMECEにすることが目的になっては本末転倒です。厳密に美しくMECEに分解するのではなく、「漏れがないこと」を意識しましょう。

「漏れなしダブりあり」をよしとするのです。漏れてさえいなければ大丈夫です。

MECEそのものを追求するのはやめて、MECE感覚（MECEっぽさ）で思考していきましょう。

実例

「問題解決1枚シート」はこう使う！

本章の最後に、実際の記入事例を見ておくことにしましょう。

まずは、1-1「問題の仮設定」です。ここでは**「営業成績が上がらない」**という問題を置きました（141ページ）。

次に、上記の問題について掘り下げていきます。たとえば、次のように考えます。

なぜ営業成績が下がるのか？
↓セールスのスキルが足りない？
↓商品に魅力がない？
↓営業する時間が足りない？

↓やる気が起きない？

それぞれの要素を検証してみたところ、どうやら商品には問題がなく、営業時間もあり、セールスパーソンの士気も高いことがわかりました。問題はセールスのスキルにありそうです。そこでスキルに関してさらに深掘りを行いました。

なぜセールスのスキルが足りないのか？
↓先輩から後輩へのスキルの伝授が行われていないから
↓実戦経験が少ないから
↓商品知識が足りないから

問題を掘り下げた結果、成績が上がらない原因は先輩から後輩へのスキルの伝授が行われていないからだと推測できたとしましょう。それを踏まえて**2-1**「問題の発見」には**「職場内でスキルを伝授する機会がない」**と書き入れます（140ページ）。

2-2の「ゴールイメージ」は**「6カ月後に売上が30%アップしている」**です。

2-1 問題の発見	**問題の再設定** 職場内でスキルを伝授する 機会がない
2-2 ゴールイメージ	**ありたい姿** 6カ月後に売上が30%アップしている

3-1 解決策の策定

解決策

- 社内勉強会を行う
- 同行セールスを行う
- 研修を行う

3-2 何から始める	**解決策まとめ** 最初の1カ月で社内勉強会を行い、次の1カ月で同行訪問を行い、残りの4カ月で営業活動に注力し、目標を達成する

問題解決１枚シートの記入例

問題解決１枚シート®

1－1 問題の仮設定

問題（仮）

営業成績が上がらない

1－2 問題の深掘り〈Where? What? Why?〉

真の問題は何か？

なぜ営業成績が下がるのか？
→セールスのスキルが足りない？　○
→商品に魅力がない？　×
→営業する時間が足りない？　×
→やる気が起きない？　×

なぜセールスのスキルが足りないのか？
→先輩から後輩へのスキルの伝授が行われていないから　○
→実戦経験が少ないから　×
→商品知識が足りないから　×

そして、問題を解決しゴールイメージを実現するための解決策として「社内勉強会を行う」「同行セールスを行う」「研修を行う」などをピックアップします。

その中で優先順位をつけ3－2「何から始める」に「最初の1カ月で社内勉強会を行い、次の1カ月で同行訪問を行い、残りの4カ月で業活動に注力し、目標を達成する」と書き入れます。

ただし、この事例が本当に真の解決策を掘り当てているのかは、わかりません。真の問題を掘り当てないことには、正しい問題解決にはつながらない。これは、本書の中で何度も言及してきた通りです。

重要なのは、2－1「問題の発見」のところでじっくりと問題に向き合い、とことん掘り下げていくことです。真の問題を掘り当てるには、「問い」の力が大きなカギとなります。「問い」思考が身につけば、問題解決力は格段にアップします。

そこで次の第4章では「問い」をキーワードに、問題解決1枚シートの使い方をさらに深めていきたいと思います。

The 1 Sheet Thinking of Problem Solving

第4章

「問題解決1枚シート」で仕事に変革を起こす

最大のポイントは「真の問題発見」を問うこと

第3章では「問題解決1枚シート」の具体的な使い方について解説しました。その最後でもお話ししましたが、特に重要なのは2－1「問題の発見」において問題と向き合い、とことん掘り下げることです。

問題を掘り下げることによって、真の問題が発見され、正しい解決策を思考したり実行したりできるようになるからです。

真の問題を掘り当てるには、なんと言っても**問いの力**が欠かせません。また、ゴールイメージや解決策を考えるときにも、問いの力が大きなカギとなります。

そこで、この章では**問題解決1枚シートを使いこなすための「問い力《りょく》」**について一緒に見ていきましょう。

問われると、答えたくなるのが人間の本質

初めに、問いが持つ力について考えてみたいと思います。

「あなたが今やるべきことは、ロジカルシンキングを学ぶことだ」

この言葉を聞いて、どんなふうに思いましたか？　なんとなく「ふーん」「そうなのかな」と感じた人が多いのではないかと推測します。

では、次のような言葉はどうでしょう。

「あなたが今やるべきことはなんですか？」

聞いた瞬間に、あなたの中でどんな変化が起きたでしょうか。きっと、「今やるべきことってなんだろう？」と、問いへの答えを考えようとしたはずです。

では、少しだけ表現を変えます。

「あなたが今集中すべき、最も重要なことはなんですか？」

おそらく、一つ前の質問よりも頭を働かせて深く考えたのではないでしょうか。「集中すべき最も重要なこと」と言われると、いろいろな選択肢を比較して優先順位をつけようとする思考が働くからです。

人は質問されると、自然と答えを探し出そうとします。また、質問の内容によっては、もっと深く考えるきっかけになることもあります。これが「問いの力」ということです。

問題解決に取り組むときは、「そもそも何が問題なんだっけ？　そもそも、私たちはどうしたいんだっけ？」などと、問いを使うことが大切です。問いを通じて、深く思考し、問題の根っこやありたい姿を深く探していけるようになるのです。

「問う」ことの重要な意味

特殊相対性理論を発表したことで有名なアルバート・アインシュタイン博士は、次のような言葉を語ったと言われています。

「私に世界を救うための時間が1時間だけ与えられたとしたら、最初の55分を何が問題かを発見するために費やし、残りの5分でその問題を解決するだろう」

アインシュタインも「問題解決」を重視したことが窺えますが、それ以上に注目したいポイントがあります。大事な問題であればあるほど、**問題に取りかかる前に「何が本当の問題なのか？」を問う**ことに大半の時間を費やす、ということです。

アインシュタイン博士に限らず、仕事で大きな成果を上げた人たちは、「何が本当の問題なのか?」「本当に重要な問題は何か?」という問いを抱えながら物事に取り組んでいます。

しかも、ただ問うのではなく、インパクトがあって質のよい問いをつねに行っているのです。

人生の充実度をはかる究極の「問い」

iPhoneやiPadなどを生みだしたアップルの創業者であるスティーブ・ジョブズ氏も問いを重視していました。彼は毎朝、自分に向けてこんな問いを発していたそうです。

「もし今日が最後の日だとしても、今からやろうとしていたことをするだろうか?」

すごい問いですよね。今日が人生最後の日でも、今からやろうとしていることをする——こう断言できる人は、悔いのない満ち足りた人生を送っていると言えます。

しかし、「違う」と答えるならば、不本意な人生を送っている可能性があります。

私たちは日常の中で、嫌な経験をしたり納得がいかないことがあったりしても、「そうものだ。仕方がない」とあきらめて受け入れてしまいがちです。大きな転換を図るよりも、多少不満があっても現状を維持しようとする本能があるからです。

ジョブズ氏の問いは、そんなごまかしに鋭いメスを入れます。そして、問うことで人生を充実して生きる方法を教えてくれるのです。

文明社会は、人から警戒心を奪い去る

たとえば、あなたに何も予備知識がない状態で、白子《しらこ》やナマコを目の前に出されたら、口にしようと思うでしょうか。おそらく「なんだか見た目が悪くて食欲が湧かないな。食べるのはちょっと……」と躊躇するのではないでしょうか。

私たち人類は長い時間をかけ、食べられる食材の知識をストックし、今日《こんにち》の食文化を築いてきました。ふぐちりを美味しくいただいたり、毒のある品種を回避しながらキノコを味わえたりするのは、先人が食材に関する知恵を残してくれた結果です。

私たちは、スーパーでいちいち「これは食べられるキノコなのかな?」などと自分に問いかけながらキノコを選ぶようなことはありません。安全と認定されたものだけが並んでいると信じているからです。

このように、今の私たちは日常生活の中でいちいち疑問を持ち、問うことをしなくても、何不自由なく生きていくことができます。

疑問を持たないままリスクを避けられるのは喜ぶべきことですが、**現状維持に慣れてしまうと、新しいことにチャレンジしようとする意欲が薄れる**というデメリットも生じます。

また、現状に疑問を持たずにそのまま受け入れていると、新しい価値を世の中に提供することはできません。それだけでなく、世の中の変化が激しくなればなるほど、変化についていくのが難しくなるので、不利益を被りやすくもなります。

重要なのは、**当たり前と思っている常識をスルーせずに疑問を投げかける**ことです。

「これでいいのだろうか？」

「もっといい方法はないのだろうか？」

などと問いながら脳を動かすことで、真の問題を発見することができます。

また、それを解決することで、今までにない成果を出せるようになるのです。

The 1 Sheet Thinking of Problem Solving

私が「問い力」に目覚めたひと言

私自身、最初から「問い」をうまく使いこなしていたわけではないですし、問いの重要性に気づいていたわけでもありません。

問いの力に気づいたのは、マッキンゼーに入社して1年目の出来事でした。

あるマネージャーからのリクエストで、**自動車業界の市場動向調査**を依頼されたときのこと。

与えられた期限は2週間。成長が横ばいとなり、**成熟期に入った自動車市場で、自動車メーカーが販売を伸ばすためにどのような成長戦略をとるべきか**。そのシナリオを描くための基礎資料を作成するというのが私に与えられた課題でした。

リクエスト内容を織り込んだ「ファクトパック」という、事実にもとづいたリサーチ資料を作成する必要があるのですが、新人の私にはどこまで市場を調べればよいのかわかりません。

市場全体の規模、自社の強みや弱み、競合の状況、顧客の動向など、関連するデータはさまざまあります。その中で、2週間という限られた時間で市場の動向を網羅するのは難しそうです。

一体何をしたらいいんだろう……。焦った私は、まず販売戦略を明確にするため、市場の規模、成長度合い、顧客の動向などの市場動向を自分なりにブレークダウンしたリストアップ表を作成し、マネージャーと打ち合わせを行いました。

要するに「いかに自動車を売るか」という販売戦略を考えるために必要な情報を集めればよいと考えたわけです。

自動車メーカーが直面している重要な課題とは？

ところが、リストアップ表を見たマネージャーから聞かされたのは、思いもよらない言葉でした。

「大嶋さん、これじゃ自動車白書と大差がないよね。**そもそも販売戦略が真の問題な**

のかな？　自動車メーカーが直面している重要な課題とは何か、自分なりに考えてよ。まず問題を構造化して真の問題は何か？　クライアントがどうなったらいいのか？　販売戦略がイシュー（重要な課題）になるのか？　そんな意識を持って資料を作ってくれないかな」

え、問題の構造化？　真の問題？　イシュー？　……

マネージャーの言葉に混乱する私でしたが、自分の考えていた「問題解決」が見当違いなものであるということには気づきました。どうやら、私は問題解決を根本的に理解していなかったようなのです。

本質は「クライアントにとってどうなることがいいのか？」

実は、マネージャーが私に投げかけたことはすべて、問題解決の基本プロセス、基本原則でした。

「自動車メーカーが販売を伸ばすための成長戦略をリクエストしているのだから、販売戦略の見直しが課題である」と思っていた私には目からうろこの内容でした。

私たちは、ついつい目に見えていることに対処しようとしてしまいます。「販売の伸びが停滞しているなら販売戦略を見直せばいい」というのも、そんな発想にもとづいています。

しかし、販売停滞の原因が商品そのものにあったとしたら、販売戦略の見直しは無駄な努力になります。マネージャーは、「クライアントにとって、そもそもどうなることがいいの？」という〝本質〟を問いながら仕事をすることの重要性を教えてくれたのです。

本質的な問いができれば、そこから突破口が開けます。

別の言い方をすれば、仕事の成果とは、核心を突くような鋭い問いかけができるかどうかで大きく変わるのです。

1-1 「問題の仮設定」での問い

ここからは、「問題解決1枚シート」の各項目を書き込むときに有効な「問い」についてお話ししていきたいと思います。

まず、**1-1**ではシンプルに自分が問題だと感じていること、あるいは会社や上司から与えられた課題を書きます。

問題を1行で書くだけなので、難しく考える必要はありません。

けれども、研修などで実際にシートに記入してもらおうとすると、スムーズに問題を書きだせない人もいます。

「何が問題なのかすら、よくわからない」「モヤモヤした思いはあるけど、うまくまとまらない」と言う人は、次のような問いを立てて書きだしてみるといいでしょう。

「今、気になっていることは何か?」
「最近起きた問題はなんだろう?」

5分くらいで「○○が問題である」「○○であることが気になっている」など、箇条書きで書きだしてみましょう。

問題が明確になるほど、表現もシンプルに研ぎ澄まされる

74ページで手書きの効用に触れましたが、ただ書きだすだけでも人間の思考は深まります。書いているうちに頭の中が整理されていき、「あっ! これが問題だったんだ!」と気づく人も結構います。

問題は明確になればなるほどストレートで短く表現できるようになります。**シンプルに書くことができれば、うまく問題を設定できている**証拠です。

ちなみに、誰かに悩みを相談するときにも、予め気になっていることをノートやメモに書きだしておけば、頭の中が整理され、端的に悩みの内容を伝えることができます。

問題は「自分が関われる範囲で考える」が鉄則

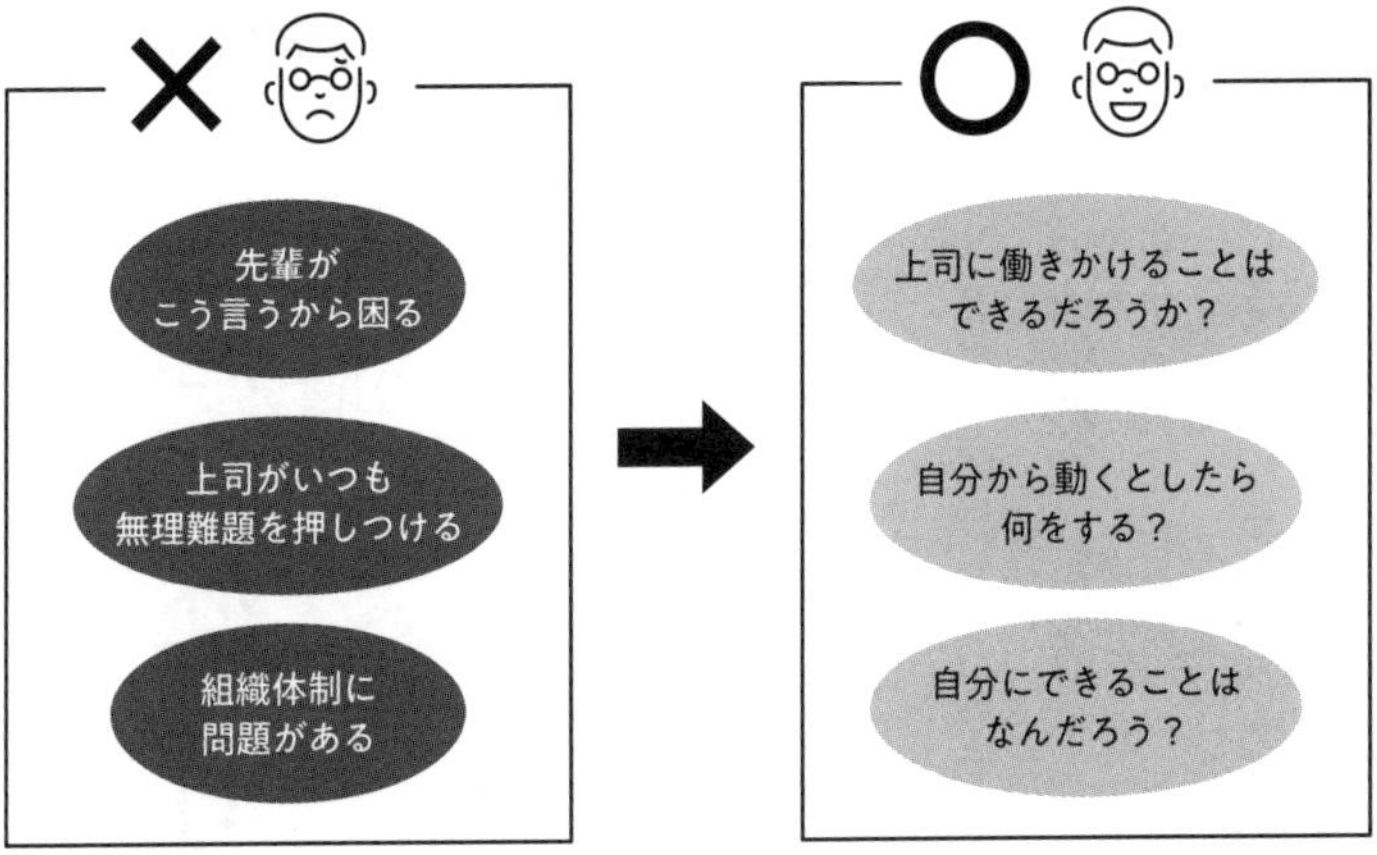
先輩が
こう言うから困る
上司がいつも
無理難題を押しつける
組織体制に
問題がある
上司に働きかけることは
できるだろうか？
自分から動くとしたら
何をする？
自分にできることは
なんだろう？

そしてもう一つ重要なのは、**主体的に問題を捉える**ことです。

「先輩がこう言うから困っている」

「上司が無理難題を押しつけてくること に問題がある」

このように**他責思考**で問題を捉えている限り、問題解決は難しくなります。問題に対する当事者意識が芽生えず、自分で解決しようとする意識が希薄になるからです。他責思考に陥りがちな人は**「自分にできることはなんだろう？」**という視点で考えてみてください。

1−2 「問題を深掘り」する問い

次に、1−2「真の問題は何か？」という問いです。問題を深掘りするための問いはさまざまあります。使いやすいもので言うと、「Why（なぜ）」「What（何が）」「When（いつ）」「Where（どこで）」の問いなどが挙げられるでしょう。

たとえば、こんな問いです。

「なぜそうなっているのか？」（Why）
「なぜできなかったのか？」（Why）
「何が問題なのか？」（What）
「何が一番気になっているのか？」（What）
「何がそうさせていたのか？」（What）

「何が起きていたのか？」（What）
「何が解決を止めていたのか？」（What）
「重要な課題は何か？」（What）
「この問題はいつから始まっているか？」（When）
「どこに問題があるのか？」（Where）

第3章でお話ししたように「Whatツリー」や「Whyツリー」を作って考察を深めていくのもよいでしょう。

「では」をつけると「関連質問」になる

なお、深掘りをしていくときには「関連質問」を繰り返していきましょう。関連質問とは、**問題につながる問いを続けることで深掘りをしていく方法**です。

たとえば、ある会社の人事部が新卒採用に関する問題を抱えていたとします。現場では何十人も人が足りないというのに、まったく採用できていないのです。

この場合は、「人が採れない」という問題について、「何が起きているの？」「そもそもちゃんと募集しているの？」「学生からの応募自体は来ているの？」……のように問題に関連する問いを次々と投げかけます。すると、説明会への応募や説明会の参加者の数そのものは十分にあることがわかりました。

そこで、**「では、どの部分が問題なの？」「では、採用の妨《さまた》げになっているのは何？」**のように関連する問いをつなげていくことで、内定者からの辞退が多いことが判明しました。さらに**「では、なぜ内定者が辞退しているの？」「では、辞退の理由は何？」**などと問えば「『意識高い系の社風についていけるかどうか不安がある』と言われた」といった事実が判明するかもしれません。結果として、**「正しいターゲットの学生にアプローチできていなかった」**という真の原因にたどり着けるというわけです。

この「では」を頭につける質問は、問題を深掘りする質問を考える際に有効です。

ほかに、問題を深掘りするための問いには、**「障害物を探る問い」「行き詰まっている理由を探る問い」**などがあります。

障害物を探る問い

「最大の障害はなんですか？」

関連質問を深めると「真の問題」にたどり着く

では、どの部分が
問題ですか？
では、どうして
できないのでしょうか？
では、変化が怖くて
変えられないことは
なんですか？

「言行が一致しないのはどんなとき？」

「やろうと思ってできなかったことはなんですか？」……など。

行き詰まっている理由を探る問い

「もし絶好調であれば何をしますか？」

「どうしてできないのでしょうか？」

「変化が怖くて変えられないことはなんですか？」

「思い通りにやれるとしたら、それはどういう状況ですか？」……など。


皆さんも、ぜひこれらを参考に問題考察を深めてみてください。

The Tool for Deep Thinking

深掘りテクニック❶

「根本」を問う

問題考察を深めるアプローチは、さまざまあります。ここからは、問題の深掘りに有効なテクニックを8つ、ご紹介することにしましょう。一つめは、**「根本」を問う**です。

たとえば、飲食店で思ったような売上が上がらなくて、**「どうして結果が出ないんだろう。接客が悪いのかな？」**という問いを立てた場合、今までの接客に問題があったと判断し、接客の改善を考えるのではないでしょうか。

接客の研修を受けるとか、チーム内で勉強会を行うとか、接客の注意事項を書いて事務所に掲示するなどの方法が考えられますが、**そもそも顧客が接客の改善を望んでいない場合は、見当違いな努力に**終わってしまいます。

では、次のような問いではどうでしょう。

「どうして結果が出ないんだろう。そもそも、顧客は何を望んでいるんだろう？」

実は顧客は料理には満足していたものの、一品あたりの量が多すぎて少人数では使い勝手が悪いことに不満を感じていたとします。そこに気づくことができれば、ハーフサイズメニューを作ることで、顧客を増やし売上を伸ばせるかもしれません。

そもそも飲食店で料理を提供することの目的は「顧客に食事を楽しんでもらうこと」「料理に満足してもらうこと」です。「顧客は何を望んでいるんだろう？」という問いは、より本質に迫る問いであると言えます。

「そもそも」と問うことで思考が拡散する

私自身、本質的な問いが膠着《こうちゃく》状態を打開するのを何度となく経験しています。

たとえば、あるクライアントと「どのような組織体制がいいのか？」という議論をしていたとき、なかなかいいアイデアが出てこない状況に陥りました。

そこで「そもそも、私たちが顧客に提供する価値はなんでしょうか？　その価値を生みだすプロセス（流れ）を見てみませんか？」「そもそも、そのプロセスが最も効果的に機能する組織とは、どんな組織でしょうか？」という問いを投げかけてみました。

すると、「部門を超えたプロジェクト型のチーム体制で運営するのがいい」というアイデアがクライアントから出てきて、議論を前進させることができました。

このように「そもそも」と問うことで思考は拡散します。そこから見落としていたものが見つかったり、新たな発想が生まれたりします。

そもそもの問いから出てきたものが、予想外の内容であっても構いません。「正しい、間違っている」などと決めつけず、そこから真の問題を探ってみるのです。

まずは「そもそも、何が起こっているのか？」「そもそも、相手は何を求めているのか？」など根本を問うことを意識してみましょう。

根本を問うことで、問題は的確かつスピーディーに解決しやすくなります。根本を問う問いは第3章（80ページ）でも提示しましたが、改めて整理しておきましょう。

根本を問う問い

「そもそも、何が起こっているんだろう？」
「そもそも、何を求めているのか？」
「そもそも、どうなりたいのか？」
「そもそも、どんな結果を期待しているのか？」

The Tool for Deep Thinking

深掘りテクニック❷

「短い問い」にする

よい「問い」の条件の一つは、短い問いであるということです。

「問いは1行」が原則です。すなわち、短いフレーズであることが望ましいということ。文章にしたときに何行にもなるような問いは、いい問いとは言えません。

何行にもなる場合は、自分の意見を問いのかたちにしているだけだったり、結局は自分の考えを押しつけたりしているパターンが多くなっています。

また、複数のことを一度に聞く問いも長くなります。複数の問題を問おうとすると、焦点がぼやけ、何について考えているのかわからなくなりがちです。

「だいたいアルバイトの店員さんの接客態度が悪いでしょ？　だから、売れないんじゃないかな」

「店の雰囲気に悪いところはなかっただろうか？　でも、店員さんの態度はどうだろう？　それとも商品に原因があるのかな？」

前者は自分の意見を押しつけている問いであり、後者は複数のことを一度に聞く質問です。このようにズレた問いをしていると、いつまでも結論が出ず、自分の意見や主張を押しつけるだけ。本当の意味で問題解決を図るのは困難になります。

短い問いで、一番重要なことにフォーカスする

私たちの脳には、**シンプルな問いをしたときのほうが、多くのシナプス（脳の神経細胞の結合部）が活発に動き、思いがけない思考のジャンプを呼び起こす**性質があります。

思考のジャンプが起こると、自分を無意識のうちに縛っていた常識や「こうあらねばならない」という枠が外れます。枠を外せば自分の思考を広げることができ、問題解決を導きやすくなるのです。

「そもそもどうしたいの？」

「一番」をつけて聞くと焦点を絞りやすくなる

今、一番
気になっているのは何？
一番大きな
課題は何？
どこに一番
重要な問題がある？

「何が根っこの問題なの？」
「何が解決を止めているの？」

こういった短い問いを意識してください。

問いを短くするコツは、**一番重要なことに焦点を絞る**ということです。重要なことに焦点を当てて絞り込めば、余計な要素を捨てることができます。

「一番気になっているのは何？」
「一番大きな課題は何？」
「どこに一番重要な問題がある？」

など**「一番」をつけて問う**と有効です。

The Tool for Deep Thinking

深掘りテクニック❸

「具体的」に問う

問題解決が進まない多くのケースでは、**問題の表現が抽象的**です。

たとえば、「最近、うちの会社は若手の離職率が高いのが問題だ」と言う人に「若手って誰ですか？」「1年目ですか。それとも5年目までですか？」「会社全体で離職率が高いのですか。それとも特定の部門の話ですか？」「離職率の具体的な数字はどうですか？」などと聞いてみると、たまたま自分の部署で複数人が離職しただけということがあります。

最初の問題だけ見ると全社的な問題であるように見えますが、実際には部署内に問題の原因があるかもしれないわけです。

ですから、問題を掘り下げるときは具体化を意識しましょう。

具体化のポイントは「数値化」と「文章化」

具体化する方法の一つは**数値化**です。たとえば、「入社半年で離職する人が10％いる」と言われると、離職率の高さを実感できます。そうやって問題を具体化すれば、原因も掘り下げていきやすくなるのです。

もう一つの方法は**文章化**することです。「離職率の低下」のように問題を体言止めにすると、なんとなくわかったような気になりますが、抽象的で実態がつかめません。

これに対して「入社半年で離職する人が10％いる」は、主語と述語を交えた文章になっていて内容が具体的です。

なお、文章化するときは主語にも注意が必要です。日本では、「みんなが不満を言っている」という表現をよく耳にしますが、私がこの手の発言を聞いたときには**「みんなって誰？」**と問います。

そうすると、たいていは発言している人の個人的な見解であると判明します。個人的な意見にもかかわらず、責任を取りたくないから「みんなが言っている」という言葉でカムフラージュしているのです。

なぜ、どこで、誰が…問いを変えれば深掘りが進む

また、具体化するときには、同じ問いを繰り返すのではなく、問いを変えていくようにしましょう。

たとえば、「A部署でミスが頻発している」という問題を設定したとしましょう。最初は、「なぜミスが起きているのか?」といった問いかけをしていくわけですが、「なぜ」の問いだけでは思考が止まってしまいがちです、

そこで「どこでミスが起きているのか?」「どんなときにミスが起きているのか?」「どんなやり方をしていたのか?」「誰がミスをしていたのか?」のように問いを変えていきます。問いを変えて深掘りしていけば、原因を突き止めやすくなります。

「どんなときにミスが起きているのか?」と問いを立てたところ、「夕方の疲れが出てきた時間帯にミスが20%近く多くなっている」という現状が見えてくるかもしれません。そうなれば「夕方は集中力を要する仕事は避けて、単純作業にあてる」といった解決策を策定すればよいわけです。

どんどん問いを変えていけば、思考が止まることなく、問題を深掘りできます。

The Tool for Deep Thinking

深掘りテクニック❹

自分の判断はいったん「脇に措《お》く」

問題を深掘りするときに、もう一つ押えておきたいポイントは**「自分の判断はいったん脇に措《お》く」**ということです。

たとえば、職場でミスが頻発しているとしましょう。原因を掘り下げる過程で、次のような問いを立てました。

「ミスが多いのは、やる気がないからじゃないのか？」
「有休を取るのはいいけど、気持ちが仕事から離れすぎじゃないのか？　だからミスするんじゃないの？」

これらは、一見すると問いのかたちをとってはいますが、ただの誘導にほかなりません。問いをする人の判断や誘導が入っており、一言で言うと決めつけです。

先入観を排除した「ニュートラルな問い」だけが問題解決に近づける

なぜ人が決めつけをするかと言うと、**自分の経験値や前例にとらわれてしまうから**です。もちろん経験値を増やすことは重要ですし、経験による引きだしを増やすことも悪いことではありません。しかし、**問題解決に個人の主観や決めつけが入ると、事実が歪《ゆが》められ、問題解決からは遠ざかる一方**です。

決めつけの問いを防ぐ上では、いったん自分の経験値や過去の成功体験などを脇に措き、「何が起きていたの?」「何が気になっている?」といった**ニュートラルな問い**をすることが有効です。

よい問いは、**先入観や偏見を排除して素直に考えることができる**ような問いです。真の問題を探っていくときにも、ついつい自分の判断を入れた問いをしがちですが、自分の判断はいったん措いて、あらゆる可能性をフラットに見てほしいと思います。

The Tool for Deep Thinking

深掘りテクニック⑤

「前提条件」を疑う

自分の判断をいったん脇に措くことと関連して、当たり前のようになっていること、そうであるべきだとみんなが思っていること＝**前提条件に対して、「本当にそうだろうか？」と、疑うような姿勢で問いを立てる**ことも重要です。

たとえば、今は1杯200円台でコーヒーを飲めるセルフサービス式のコーヒーショップが全国各地に定着しています。

それまでコーヒーを味わう場所と言えば、昔ながらの喫茶店が主流でした。喫茶店は「マスターが豆を挽《ひ》いたこだわりのコーヒーを淹《い》れる場所」「喫煙者の憩いの場」「ゆったりしたソファが置かれている」といった昭和レトロなイメージのお店です。

コーヒーはそれなりの値段で、ゆっくり会話を楽しんだり、商談を進めたりする場として活用されてきました。

この「コーヒーは喫茶店で時間をかけて楽しむもの」という前提条件を疑い、「低価格かつ短時間でコーヒーを飲める場所もアリなのでは？」という問いから誕生したのがドトールに代表されるコーヒーショップでした。

セルフ式のコーヒーショップでは、特別な技術がなくてもおいしいコーヒーを提供できるように、専用のマシンを導入しています。また、店員が席までコーヒーを運ぶのではなく、客が自分で席に持っていくことで配膳のコストを省いています。

座席もコンパクトで、一人客用のカウンター席も配置することで、低価格でも回転率を上げて収益を出せるようにしています。

すなわち、「コーヒーは喫茶店で」という昔ながらの前提条件を疑ったからこそ、「セルフサービス式」という新しいコーヒーショップをつくることができたのです。

コメダ珈琲店はどんな問いを立てて、コーヒーショップに参入したのか？

ところで、コーヒーショップのトレンドはその後も変化を続けています。今もドトールなどの手軽なコーヒーショップは健在ですが、現在ではコメダ珈琲店などのフルサービス型喫茶店が人気となっています。

コメダ珈琲店は、「くつろぐ、いちばんいいところ」をブランドコンセプトとしており、「誰もがくつろげる『街のリビングルーム』」を目指しています。昔の喫茶店のようなゆったりしたソファを配置し、大衆的な雑誌も常備することにしました。

利用客の回転率を上げるコーヒーショップが世を席巻する中で**「そもそも人が喫茶店に求めているものは何か？」**という問いから**「自宅のリビングのようにゆったりした時間を過ごすこと」**という答えを見つけ、さらに**「自宅のリビングのような店をつくるにはどうしたらいいか？」**という問いを立てていったのではないかと思います。

みんなが当たり前で変えようがないと思っていることでも、無邪気に疑う問いかけを行うことで、新しい商品・サービスを生みだすことは可能です。あるいは斬新な商品・サービスで成功したビジネスモデルがどんな問いから生みだされたのかを考えてみると、常識を覆す問題解決ができるかもしれません。

ポイントは**子どものような無邪気さで、あらゆる前提条件を「本当にそうなの？」と疑う**ことです。

The Tool for Deep Thinking

深掘りテクニック❻

「さまざまな視点」から問う

問題を深掘りするときには「視点を転換する」も重要なテクニックと言えます。

一つの視点だけにとらわれず、いろいろな立場から物事を問うことができれば、大局的に正しい判断ができるようになります。

自分の立場が有利になるような話を、あたかも客観的な事実であるかのように話す人がいます。こういった会話や発言は「ポジショントーク」と呼ばれています。

たとえば、残業時間の削減についてチーム内で議論していて、「属人化している仕事をなくすために、すべての業務について情報を共有するのはどうか」という解決策について話し合っていたとします。

そのとき「情報を共有する手間で、むしろ残業が増えるんじゃないの？」と異を唱える人がいました。なんとなく聞いていたら「確かにそうかもしれないな」と考えてしまうかもしれません。

けれども、そこでリーダーや部長の視点から「この人はなぜこんなことを言うのだろう？　どういった理由で発想しているのだろう？」と問いを立ててみると、案外「自分が抱えている仕事を取られたくない」「自分にしかできない仕事をしていると思いたい」といった当人の思惑が見えてくることもあるのです。

視点を変えると、次のように見解も変わります。

●当事者の視点「情報を共有する手間で、むしろ残業が増える」
●同僚の視点「確かに手間が増えるのは嫌だな」
●リーダーや部長などの高い視点「なぜこんなことを言うのだろう？　自分にしかできない仕事をしていると思われたいだけなのでは？」

問題の背景を考えるときは、自分の視点だけでなく**「経営者なら」「ユーザーなら」「若者なら」など、さまざまな視点から問う**と、問い力が高まります。

「視点」を変えると、問い力が高まる

経営者なら？
ユーザーなら？
若者なら？
人生全体では？
10年後は？
5年後は？

問い力が高まり、問いのバリエーションが広がることで、さまざまな問題に対応できるようになるのです。

「掘り下げ」と「広がり」のバランスをとる

ほかにも、視点を転換する問いには次のようなものがあります。

「あなたが顧客、後輩、上司だったら、どのようにしてほしいですか（どうしたいですか）？」

「自分で正しい／当然だと思い込んでいることはなんですか？」

「自分が意識していない／手をつけてい

ない分野はなんですか？」

「人生全体から見ると、これはどれくらい重要ですか？」

「5年後のあなたは、どんな解決策を選ぶと思いますか（今のあなたにどのようなアドバイスをすると思いますか）？」


159ページでは、関連質問をしながら問題を掘り下げていく方法をお伝えしました。このように一点を掘り下げていくのと同時に、別の視点からの問いを立てることで漏れのない思考が可能となります。

新卒採用がうまくいっていない問題であれば、採用に関連する問いを掘り下げるだけでなく、「そもそも、うちの会社って学生に認知されてるの？」のように別の視点から問いを立てます。

そうすると、「そう言えば、採用広報にあまり力を入れていませんでした」という新たな発見がもたらされるかもしれません。

ぜひ**「掘り下げる」と「広げる」のバランス**を意識しながら問いを行ってみましょう。

The Tool for Deep Thinking

深掘りテクニック❼

「私たち」視点で問う

「視点」に関連した話を続けましょう。問題の掘り下げをする過程では、時に特定の人を詰問したり糾弾したりするような問いになることがあります。

たとえば、「チームの生産性が低い」という問題を深掘りしていたら、「ベテランのSさんが非効率的な仕事をしている」といった状況が浮かび上がってきたとします。

ここで「なぜSさんは非効率的な仕事をしているのか?」「Sさんの仕事のどの部分が悪いのか?」などと問うと、Sさんを詰問する問いばかりが続いてしまいます。

結果的にSさんから「申し訳ありません。これから気をつけます」のような謝罪や反省を引きだしたことで問題解決をしたつもりになっているケースもあります。

けれども、これは真の問題を解決しているとは言えません。重要なのは、**チームの生産性を低下させている仕組みや制度、チームのムードなどから問題点を見出し、そ**

れを解決していくことです。

主語を「私たち」にして、「チーム全体の責任」として考える

そこで有効なのが**「私たち」視点での問い**です。「私たち」視点での問いとは、文字通り「私たち」を主語にする問いを意味します。

「そもそも私たちはどうしたいんだっけ？」
「私たちには何が必要なんだろう？」
「私たちができていないことって、何？」

このように問いの主語を「私たち」にすることで、チーム内の誰かを悪者にすることがなくなり、**問題をチーム全体の責任で考えられる**ようになります。特定の人ではなく、**目の前の「こと」にフォーカス**できるのです。

チームなどで問題解決を図ろうとしてうまくいかない場合には、ぜひ「私たち」視点での問いを試してみてください。

The Tool for Deep Thinking

深掘りテクニック❽

お互いに「気づき」を促す

すでにお話ししたように、世の中の問題の多くは、**偏ったマインドセットや思考、思い込みや決めつけ、前例主義から始まって**います。

たとえば「冬だから冷たいアイスクリームは売れない」というのは典型的な思い込みの一つです。

現実に、今の時代は冬でもアイスクリームは売れています。「冬に暖房をよく利かせた部屋でアイスクリームを食べるのが好き」という人もいますし、サウナ上がりに冷たいアイスを楽しんでいる人もいるでしょう。

人は誰もが思い込みを抱え、前例主義の中で生きています。だから、「本当に冬は冷たい商品が売れないの？」と問いを立てるのは簡単なことではありません。

そこでおすすめしたいのは、**客観的な第三者から問いかけをしてもらう**ことです。人は自分の問題になると感情に左右されて冷静に思考できなくなりがちですが、他人のこととなると問題の根っこを捉えやすくなる傾向があります。

第三者の視点から、「本当にそうなの？」「何がそうさせたの？」といった自然な問い（素朴に感じた思い）を投げることで、自分の**思い込みに気づく**ことが多いのです。

問題の「背景」や「悩み」を引きだす問いで気づきを促す

たとえば遅刻が多いBさんに対して「なんでそんなに遅刻をするの？」と問うと、Bさんは言い訳を繰り返すでしょう。あるいはムッとして反発を招くかもしれません。または、表面的には「気が緩《ゆる》んでいました。これから気をつけます」などと答えるかもしれませんが、行動は改まらない可能性があります。

一方で、次のような気づきを促す問いかけをしたらどうでしょうか。

「何が遅刻を引き起こしているのかな？」
「遅刻の背景には何があると思う？」

「気づき」を促すと、問題の本質にたどり着く

遅刻の背景には
何があると思う？
何が遅刻を
引き起こして
いるのかな？
今、一番気になって
いることは何？

「今、一番気になっていることは何？」

このように問いを立てて「背景」や「悩み」を引きだすと、Bさんを責めることなく、問題の本質を深掘りすることができます。

そうすれば、Bさんも解決に向けて自然と行動を改めようとするはずです。

上司やリーダーがこういう問いをできるようになれば、自然とチームのやる気も上がりますし、チームのメンバーも問題の解決に向けて一緒に行動できるようになります。

2-1 「真の問題」を発見する問い

さて、深掘りテクニック❶〜❽を駆使することで、シートの1-2「問題の深掘り」についてはは十分に分析できたと思います。では、いよいよ2-1「問題の発見」をします。ここでは次のような問いを立てましょう。

「今の時点で何が一番問題だと思う？」
「発見した真の問題は何？」

おそらく**1-2で問題を深掘りしている過程で、真の問題の「候補」はある程度、絞り込まれている**はずです。深掘りがうまくいっていれば、「あっ、これが真の問題かも？」と思えるものが見つかっています。その場合、シートの2-1はスムーズに書きだせるでしょう。

真の問題が見つからないときは、「なんでもアリだとしたら？」と問い直す

とは言え、「一生懸命深掘りしたのに真の問題が見つからない」「よくわからない」というケースもあるかもしれません。

その場合は、**1-2で行った「根本を問う問い」**（164ページ）**や「視点を転換する問い」**（178〜179ページ）**などを改めて投げかけて**みましょう。

「そもそも何が気になっているの？」
「本当にそうなの？」
「本当にやりたかったのにできなかったことは何？」

制約を設けずに、「なんでもアリだとしたら？」というくらいのスタンスで問いかけをしてみるといいでしょう。

2-2 「ゴールイメージ」の問い

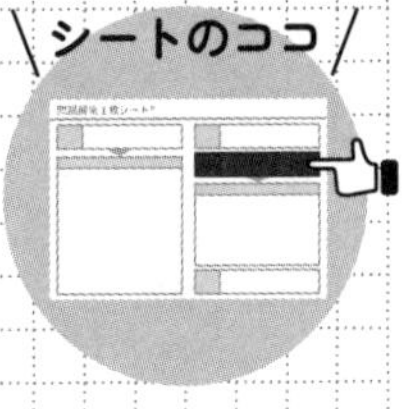

ありたい姿を明確にする2-2「ゴールイメージ」の問いは**未来志向**で行います。

「未来志向の問い」とは、過去の延長線上で考えるのではなく、**「そもそも、どんな未来を達成したいのか?」という視点から問う**ものです。

私たちは、しばしば過去の延長線上で物事を考えようとします。しかし、それでは毎回似たような発想にとどまり、同じようなやり方を繰り返すだけです。

一方、本来のありたい姿から考えることで、本当にやるべき解決策が見えてきますし、ゼロ発想で考えられるようにもなります。「ゼロ発想」とは、**あらゆる可能性から考える**ということです。

たとえば、ある人が「このままのキャリアでいいのか悩んでいる。本業以外の仕事がしたい」と考えていたとします。そのとき、現状から考えると「会社は副業を禁止しているから無理だ」ということになります。

しかし、「5年後に複数の仕事で収入を得ている自分」というありたい姿を明確にすれば、**「そうなるために、何をするといいのか？」**という問いを立てることができます。現状の枠にとらわれずに「副業を実践している人に話を聞いてみよう」などといった解決策が見えてくるのです。

未来志向の問いこそが、インパクトのある挑戦を実現する

「ムーンショット」という言葉があります。難しいけれど、実現したらインパクトがある挑戦を意味し、アメリカのケネディ大統領が「60年代の終わりまでに人類を月面着陸させる」と、いわゆる「アポロ計画」を宣言したことに由来する言葉です。

難しいけれど、実現したらインパクトがある挑戦を実現するのは、未来志向の問いです。一見不可能に思えることでも、未来志向の問いを立てることで、実現に向けて動きだすことができるのです。

「ムーンショット」で月面着陸は成功した

President Kennedy
1960年代の終わりまでに
人類を月面着陸させるぞ！

未来志向の問いには、以下のようなものがあります。


「どんな未来を達成したいか？」

「あるべき姿って何？」

「最終的に求めているものは何か？」

「どんな結果を望んでいるのか？」

「何をもって達成したと判断するか？」


皆さんもぜひ、未来志向の問いで難しい挑戦に果敢にアタックして、人生を切り拓いていただきたいと思います。

3-1 「解決策」を策定する問い

2-2で「ゴールイメージ」が明確になったら、次は3-1「解決策」を策定する問いを立てます。ここでは、次のような問いを立てましょう。

「どうするのがいいのか？」

「どうしたら、うまくいくか？」

「いつまでに何をするか？」

「今、何をするといいか？」

「原因を解決する行動は何か？」

「どうすればこの状況を改善できるか？」

「どう対処しようと思っているか？」

解決策で行き詰まったら、思考を広げる問いを投げかける

これら以外にも**枠を外す問い、視点を転換する問い、可能性を広げていくような問い**も使いながら、解決策を考えていくとよいでしょう。次のような問いです。

「本当に大事なことは？」

「部下だったら（上司だったら）、どうしたいか？」

「5年後の自分は、今の自分にどのようなアドバイスをすると思うか？」

「それをすることが、自分の得になるのか？」

「これもアリなのでは？」

「なんでもできるとしたら、何をしたいか？」


これらの問いを経て出てきた解決策に**優先順位をつけ、最初に取り組むことを3－2「解決策まとめ」に書き入れ**ます。このときは**「何から始める？」**という問いを立てて考えましょう。

〝問題解決筋《きん》〟をつけよう

さて、ここまで「問題解決1枚シート」を使いこなす方法について解説してきました。手順にしたがって問いを立てていけば、きっと有効な解決策が見つかるはずです。

とは言え、重要なのは**アクションを起こして成果を出す**こと。成果を出さないことには、問題解決1枚シートを活用した意味がありません。

解決策を策定したらそれを実践し、効果を検証しましょう。十分な成果が出たならば問題解決1枚シートで正しい解決策を導きだせた何よりの証拠となります。仮に成果が出なかったとしても、**新たな解決策を策定すればよい**のです。

ＰＤＣＡサイクルを何度も回すと、解決策の実効性が高まる

解決策を実行する上で役立つのが、**ＰＤＣＡサイクル**です。

「Plan（計画）」「Do（実行）」「Check（評価）」「Action（修正）」のサイクルを繰り返すことで、業務の効率化や改善、目標達成を図るフレームワークとして有名ですね。

問題解決におけるPDCAサイクルの回し方を、フェーズごとに見てみましょう。

「Plan（計画）」では、問題点を深掘りし、解決策を策定します。

「Do（実行）」では、「Plan（計画）」にもとづいて解決策を実行します。

「Check（評価）」では、実行した結果を検証します。あるべき姿に対してどの程度近づけているのかを評価しましょう。

「Action（修正）」では、問題点が解決していない、あるいは不十分であると判断したなら、もう一度問題解決シートを活用して解決策の見直しを図ります。

PDCAはすぐに結果につながるとは限りません。効果を出すためには、1回転で終わらせるのではなく、PDCAサイクルを回し続けることが重要です。何度も繰り返しながら解決策の精度を高めていくのです。

また、PDCAを回す際には、「ゴールイメージ」を意識することが重要です。いくらPDCAを回しても、どこを目指しているのか忘れてしまったら意味がないからです。

私は、ビジネスはある意味でスポーツであり、ビジネスパーソンはアスリートであると考えています。アスリートはトレーニングを重ねることで筋力をつけたり技術を向上させたりしています。同じようにビジネスパーソンは**問題解決のトレーニングを通じて、脳の中の思考回路を強化**できます。条件反射のように問題を分析して解決策を考えられるようになるのです。

私が見ている限りでも、問題解決のトレーニングをしている人は、次第に言い訳をしなくなります。たとえば嫌な上司や先輩と仕事をする場合でも、「上司や先輩がダメだからできない」という言い訳をしません。**その条件下でどうすれば最善の結果を残せるかを考えていくので、確実に成果を生みだせる**のです。

プロのアスリートだって最初から１００メートルを10秒で走るわけではありません。最初は遅くてもいいので走ってみる、つまりシートを使ってみることが大切です。シートを使っているうちに問題解決の〝筋力〟がついていきます。私はこれを**〝問題解決筋〟**と呼んでいます。

筋トレ感覚で、少しずつ問題解決筋を育てていきましょう。

The 1 Sheet Thinking of Problem Solving

「チャットGPT」を使って問題解決1枚シートを完成させる

最近は、チャットGPTをはじめとする生成AIに注目が集まっています。皆さんも「チャットGPTに奪われる仕事」などの記事を、ネットや雑誌で目にしたことがあるでしょう。こうした記事を読んで、不安に思う気持ちはわからないではありません。

確かに、この先チャットGPTは、従来人間がやってきた仕事をたくさん代替していくことになるでしょうが、一方でチャットGPTを使いこなして成果を上げる人が出てきているのも事実です。

チャットGPTを活用できる人とは、一言で言えば**自分の頭で基本的な問題解決ができる人**だと思います。自分の頭で問題解決ができる人は、経験をもとに情報と情報を結びつけ、発見やひらめきを起こす力を持っています。このセンスについては、実はまだまだ人間に分《ぶ》があると言えます。

問題解決のセンスを持っている人は、生成AIに呑《の》み込まれるのではなく、逆に生成AIを優秀なアシスタントとして使いこなすことができるのです。

〝問題解決筋〟のある人だけがチャットGPTを使いこなせる

「漏れ・ダブりなく」という点では人間よりAIのほうがはるかに優秀ですから、ロジックツリーなどを作るときにもチャットGPTは重宝すると思います。たとえば、問題を明確にした上で「〇〇（問題）の原因を漏れ・ダブりなく深掘りして」と指示すれば、素早く原因を書きだしてくれ、ロジックツリーができあがるでしょう。

チャットGPTを使いこなす際のポイントは、**適切なプロンプト（チャットGPTへの指示）を与える**こと。これができれば、問題の発見はよりスピーディーになります。

ただし、**チャットGPTが出した答えを判断するのは、あくまでも人間です。情報の正誤を見極めるためには、本物を知っておかなければいけません。**自分で汗をかいて原因を分析したり、ロジックツリーを作ったりする経験が重要なのはそのためです。

ですから、まずは自分の力で問題解決にチャレンジしてください。ある程度、問題解決筋がついたら、チャットGPTを活用してみましょう。

Case Study

1 ゲームアプリの売上低下を解決したい

それでは、実際の使用例をご覧いただきながら、問題解決1枚シートの使い方について解説していきたいと思います。

一つめは、**ゲームソフトメーカーでゲームの開発に携わる会社員の事例**です。

作成者は上司から「スマホゲームアプリの収益が悪化している。すぐに対策を考えてほしい」という指示を受け、シートを使って問題解決に取り組むことにしました。

▼五月雨《さみだれ》式に、漏れなくダブりなく問題を深掘りしてみる

まずはシンプルに**1-1**では**「スマホ専用ゲームアプリの売上（課金）が落ちている」**という問題を設定します。ここでは、できるだけコンパクトに気になっていることを1～2行で書くのがポイントです。

次に**1-2**「問題の深掘り」では、最初に**「何が一番気になっているのか？」「どこが気になるポイントか？」**といった問いを立て、**「メインターゲットである10～20代の若年層の課金が落ちている」**というポイントを書きだしました。

ここからさらに問題を掘り下げていきます。

10年間のトレンドを分析するために「いつごろから売上が落ちているのか？」と問うと、実は5年前から下がる兆候が表れていることに気づきました。

そこで「そのときに、世の中や自社では何が起きていたのか？」と問うと、競合が魅力的なゲームをリリースしていたとか、ゲームの難易度がユーザーのニーズとかけ離れてしまっていた、コロナ禍を機に若者の時間の使い方が変化したといった原因（仮説）を書きだすことができました。

このように、**1-2**では、できるだけMECE感覚で漏れなくダブりなく書いていくことが重要です。**ダブりよりも漏れがないことを意識**しましょう。

最初はこの事例のように五月雨《さみだれ》式に書きだすだけでもOK。むしろ、初心者でここまで書きだせたら素晴らしいと思います（次ページ）。

Before

Case Study 1 ゲームアプリの売上低下を解決したい

問題解決１枚シート®

1-1 問題の仮設定

業態：ゲームソフトメーカー
スマホ専用ゲームアプリの売上(課金)が落ちている

1-2 問題の深掘り〈Where? What? Why?〉

・メインターゲットである10～20代の若年層の課金が落ちているようだ

分解)
→10年間のトレンドを分析してみると、、、5年前に下がる兆候が表れている？
→他に魅力的なゲームアプリが出て、ユーザーが鞍替えしているのかも？
→競合の売上を調べてみたら･･･
→最近、テレビCMやネット広告、SNS広告などの露出が減っていたので増やすか？
→魅力的なキャラクターがいないのかも？
→簡単すぎる？　難しすぎる？(どっちもダメ)
→コロナ以降、若者の時間の使い方に変化が生じているのではないか？

2-1 問題の発見

メインターゲットである若年層(10～20代)の利用が低下している

2-2 ゴールイメージ

若年層の売上が回復して、業績も回復

3-1 解決策の策定

・10～20代の若年層がよく見るテレビやSNS等に広告を打つ
・10～20代のモニターを集めて、グループアンケートを実施
(ふだん、どんなゲームをやっているか。何に時間を使っているか。好きなタレントは誰か。誰にすすめられたら新しいゲームをやろうと思うか。誰と一緒にゲームをしているか。このゲームをやってみてどうだったか。どこを直してほしいか…)
・アンケート結果を踏まえて…アイコンデザインのリニューアルや、内容のリニューアル

3-2 何から始める

グループアンケートを実施するためのモニター募集

ただし、書きだした項目が真の原因であるかどうかはわかりません。そこで有効なのが「これが根っこの問題なのか？」「本当の問題と言えるのか？」という問いです。

私が問題解決コーチとしてかかわるときには「それ、誰かに確かめましたか？」と確認していますが、実際に聞いてみると「いえ、確かめていません」と返ってくるケースが多々あります。

あるいは、上司や先輩など身近な「目利き」に見てもらって、アドバイスを受けるのもよいでしょう。

このケースでは、改めて「メインターゲットである若年層の利用が低下している」という問題を再定義し、「若年層の売上が回復して、業績も回復」という「ゴールイメージ」に向けての解決策を考えていきます。

具体的には「若年層に向けた広告を打つ」「若年層のモニターにアンケートを行う」といった解決策を挙げていき、最終的にモニター募集から始めることにしました。

▼「3C分析」を使って深掘りする

さて、この事例には、1-2「問題の深掘り」で、フレームワークを使ってより詳細に深掘りを実施した第2弾（After）のシートがあります。第1弾（Before）では箇条書きで原因を書きだしましたが、網羅的に洗いだしができていない可能性がありました。そこで、3C分析のフレームワークを活用して深掘りをしました（次ページ）。

3Cでは**「市場・顧客」「競合」「自社」という3つの視点から網羅的に原因を探ります**。市場・顧客の視点で言えば、たとえば「自分がゲームのユーザーだったら、何がほしい？」「自分が若者だったら、本当にこの製品を使うだろうか？」といった問いを立てます。

競合視点では「競合はなぜ売上を伸ばせたの？」、自社視点では「若者にちゃんとプロモーションしたの？」「認知度はあったの？」と問うでしょうし、商品そのものについては「そもそも魅力的なの？」「ストーリーの完成度はどうだったのか？」といった問いを通じて分析をしていくことになります。

その結果、Afterでは**「ターゲットを若年層に限定しすぎていて、市場の変化・多様性に適応できていない」**という真の問題を再定義できました。若年層への対応を考えていたBeforeと比較すると大きな変化です。

もしかすると、読者の中には「そんなに都合よく真の問題が見つかるの？」と疑問

2-1 問題の発見	ターゲットを若年層に限定しすぎて、 市場の変化・多様性に適応できていない
2-2 ゴールイメージ	人口が少ない若年層よりも、 年配層へのアピールに力を入れ、 他社のシェアも奪って売上回復！

3-1 解決策の策定

- シニアが求めるコンテンツとはどんなものかを調査する
- シニア層に刺さるゲームコンテンツを開発し、シニア市場に乗り込む
- メディア戦略を見直し、シニア層がよく見ているテレビ番組にCMを投下する

3-2 何から始める	シニア層にモニターインタビューを実施し、 どんなゲームならプレイしたいか調査する

After

Case Study 1 ゲームアプリの売上低下を解決したい

問題解決１枚シート®

1-1 問題の仮設定

業態：ゲームソフトメーカー
スマホ専用ゲームアプリの売上（課金）が落ちている

1-2 問題の深掘り〈Where? What? Why?〉

- メインターゲットである10～20代の若年層の課金が落ちているようだ

【「3C分析」で問題の深掘】

Customer（市場・顧客）……若者がゲームに時間を割かなくなってきた

Competitor（競合）……若者だけではなく、ファミリー向け、シニア向けなど、ターゲットを広げてきている

Company（自社）……優秀なクリエイター、デザイナーがおり、他社に負けないコンテンツ力はある

- 若者だけでなく、人口の多いシニア市場を開拓するのは？
- 現状のゲームアプリのまま、シニア層に売り込む？
- シニア向けのコンテンツを新たに開発する？
- シニアが求めているコンテンツとはどんなもの？

に思う人がいるかもしれません。けれども不思議なことに、問題を深掘りしていると、必ず「あっ!」と気づく瞬間が訪れるのです。

実際にシートを活用した人からも**「Aが原因だと思っていたんですけど、考えているうちに実はBが問題だったと気づきました!」**という感想がしばしば寄せられます。これこそが問いの力なのだと思います。

この事例では、人口の多いシニア層を開拓するという視点に気づき、**「人口が少ない若年層よりも、年配層へのアピールに力を入れ、他社のシェアも奪って売上回復!」**という「ゴールイメージ」を設定しました。

「解決策」については、シニア層にアピールするためにできることを箇条書きで書きだし、まずはシニア層にインタビューを実施することにしました。

もちろん、このAfterの書き込みは絶対的な正解ではなく、**最適解の一つ**でしかありません。Beforeのように若年層に向けた打ち手でも、実際に取り組んで成果につながればよいのです。

ただ、Afterのほうがより視点に漏れがなく、深掘りもできています。その点では非常に参考になる事例だと思います。

Case Study

2

もっと会議を活性化させ、活発な議論がしたい

二つめは、職場でよくある「会議を活発な議論の場にしたい」というケースです。問題としては**「会議でメンバーの発言が少ない」**と設定しました。

まずは「少ないというのは、どんな状況か?」「会議の場では何が起きているのか?」「何が一番気になっているのか?」などと自問自答ながら深掘りしていきます。

すると、上司ばかりが話している、上司が威圧的で意見を言いにくいといった実情が見えてきたため、問題を再定義し、**「上司に研修を受けさせる」**といった解決策を考えました(次ページ)。

このように、**素直な気持ちを問いかけて、一番気になっている問題を組上《そじょう》に載せる**ことは重要です。「上司が悪い」というのは、ある意味で部下の愚痴ではありますが、愚痴を書きだしていくのでもよいのです。**愚痴から始まる問題解決もある**からです。

Before

Case Study 2 会議を活性化させ、活発な議論がしたい

問題解決1枚シート®

1-1 問題の仮設定
会議でメンバーの発言が少ない

1-2 問題の深掘り〈Where? What? Why?〉

- 上司ばかりが発言して、部下の発言機会が奪われているのではないか？
  →一人ひと言ずつ、コメントを求める時間を設けるのはどうか？
- 上司の態度が威圧的で、意見を言いにくい雰囲気なのではないか？
  →上司に「ファシリテーター研修」を受けさせるのはどうか？

2-1 問題の発見
上司の態度が威圧的・否定的なため、
部下が怒られることを恐れ自発性を持てない

2-2 ゴールイメージ
上司・部下がフラットな関係で、
活発な議論が交わせる有意義な会議にする

3-1 解決策の策定

1)上司にマネジメント研修・チームビルディング研修・ファシリテーター研修を受けさせる

2)部下にも…？

3)・・・

3-2 何から始める
会議の望ましいやり方について、
各メンバーにヒヤリング

ただ、あまりに上司の問題にばかり目を向けていると、偏《かたよ》った深掘りになるおそれがあります。

「鳥の目」視点で原因を俯瞰的に洗いだす

そこで次ページでは、俯瞰視点で問題を洗いだしてみました。

「もし自分が上司だったら、会議にどんな感想を持つのか？」「部下視点ではどうだろう？」のように、**複数の視点から会議の問題点をピックアップ**していきます。「場の雰囲気はどうだった？」「みんなのコメントはそもそもイケてたの？」「事前準備はできてたの？」など、**会議を成立させるさまざまな要素について検証**していくのも大切です。

あるいは会議の参加メンバーそれぞれにヒアリングをするとか、役員や若手など立場の異なる人に意見を求めるのもよいでしょう。

深掘りの結果、実は**「会議が多く、業務が滞るため早く終わってほしいと思っているメンバーが多い」**と判明しました。これを真の問題として再定義し、「ゴールイメージ」を実現するための解決策を考えていきます（次ページ）。

2-1 問題の発見	会議が多く、業務が滞るため 早く終わってほしいと思っている メンバーが多い
2-2 ゴールイメージ	2カ月後をめどに、上司・部下がフラットな関係を構築し、全員が自発的に意見を言っている状態にする。会議の目的を達成できるような議論の場になっている

3-1 解決策の策定

◎「質」と「量」に分ける
1)会議の設定時間を短くする
2)スタンディング会議形式にして5分にする
3)会議の質を上げるために、トレーニング
4)不要な会議を整理する(今開催している会議の種類を検証する)
　①問題解決　②アイデア発想　③レビュー
　④チームビルディング
5)会議の開催方針を見直し、
　情報共有はネット上で報告できるシステムを構築する
6)会議の開催は、メンバー間の意見交換や議論が
　必要なときだけにする

3-2 何から始める	今やっている会議の ①見直し　②設定時間を短くする

After Case Study 2 会議を活性化させ、活発な議論がしたい

問題解決１枚シート®

1－1 問題の仮設定

会議でメンバーの発言が少ない

1－2 問題の深掘り〈Where? What? Why?〉

鳥の目、俯瞰視点で洗いだす）

- 上司の会議の仕切りがうまくない
- 上司が一人でずっとしゃべっている
- （あるいは）特定の人とばかり盛り上がっている
- 会議の目的（ゴール設定）が明確ではない
- 終わった後、徒労感ばかりが残り、結論がわからない
- 単純に内容がつまらない。意義が見出せない
- 雰囲気が悪い
- 問題意識が低い
- 雑談や無駄話が多い
- 無駄に長すぎる
  →30分など、もっと短く設定できるのではないか？

リサーチ）

- 会議の参加メンバーにどう思っているかヒヤリング
- 会議がうまい人にコツを聞く
- 役員や若手など、立場の異なる人に意見を聞く
- 残念な会議に参加してみる

ここでは、「質」と「量」に分けて解決策の候補を書きだしています。101ページでお話しした、「物事の両面を対照的に捉える」MECEのタイプを応用しているわけです。

質の面ではたとえば**「質を上げるトレーニングをする」「会議のルールを明確化する」「事前にゴールイメージを共有する」**といった方法が考えられるかもしれません。

一方、量の面では**「会議の設定時間を短くする」**とか**「不要な会議をやめる」**といった方法が挙げられるでしょう。

その中で優先順位をつけ、まずは「会議の内容を見直し」、「設定時間を短くする」というアクションを起こすことにしました。

Case Study
3
原料高騰による利益率悪化を改善したい

次に、パンメーカーの事例を見てみましょう（次ページ）。最初に設定した問題は「**パンの主原料である小麦粉が高騰し、利益率が落ちている**」でした。

このケースでは小麦粉の高騰を問題の原因としていますが、まずは**本当に小麦粉の高騰だけが利益率低下の原因なのか**を問うことが大切です。原材料の高騰を言い訳に、ほかの問題が見過ごされてしまうおそれがあるからです。

「利益率が落ちている要因はほかにあるのか？」と問えば、網羅的に原因を探ることができます。たとえば、**光熱費や輸送費も高騰しているという現状や、人口減少により食パンの需要が頭打ちになっている**という現状にも気づけます。あるいは「価格設定は適切だったか？」「そもそも日本人が食パン離れを起こしているのでは？」という疑問を投げかけるのもよいでしょう。もちろん3C分析を行う方法もあります。

2-1 問題の発見	小麦粉の高騰により、 食パンの利益率が落ちている
2-2 ゴールイメージ	①縮小傾向にある日本市場にこだわらず、 海外に目を向ける ②小麦粉の代替として米粉パンを開発し、 アレルギーに悩む消費者も取り込める商品にする

3-1 解決策の策定

①について

- 海外事業を先行している競合他社の状況を探る
- 商品Bの海外向けの販売戦略を立てる
- 並行して原料Cの仕入れ先を見直す
- 国内市場向けの戦略を見直す

②について

- 原料となる米粉の仕入れ先を開拓する
- 米粉商品を開発する
- 販売戦略を練って、従来の顧客&アレルギーを気にする人に届ける

3-2 何から始める	・海外市場の調査 ・米粉市場の調査

問題解決１枚シート®

1－1 問題の仮設定

業態：パンメーカー
パンの主原料である小麦粉が高騰し、利益率が落ちている

1－2 問題の深掘り〈Where? What? Why?〉

- これまで小麦粉は輸入品を使ってきたが、高騰が続く
  →仕入れ先を見直すか？
- 光熱費・輸送費も高騰を続けており、コストUP要因に
- 小麦粉製品が軒並み価格上昇をしており、消費者の中で買い控えが起きている
- 国産も含め、原材料の争奪戦が起きている状態
- 国際紛争や天候不順などで生産地がダメージを受けている
- 人口も減る中で、日本市場における食パンのシェアは頭打ち状態。価格も上げにくい
  →円安を追い風に、海外向けの販売ルートを開拓してはどうか？
- そもそも、日本人が食パン離れを起こしているのでは？
- 小麦粉に代わる原材料として、他社では米粉系のパンが出始めている
  →米粉パンは小麦アレルギーの人でも食べられる

▼複数のゴールを設定し、それぞれの可能性を探る

深掘りした結果、やはり小麦粉の高騰が真の原因であるという判断をしました。**きちんと分析した上で、当初と同じ問題を設定するのはＯＫ**です。

そしてここでは、「ゴールイメージ」として①海外市場に目を向ける　②小麦粉の代わりに米粉を原料とするパンを開発する　という二つの方向性を示しました。いずれも問題を深掘りする過程で見えてきた方向性です。

このように**複数のゴールイメージを設定し、それぞれの可能性を探ってみる**のも一つのやり方です。解決策では①～②について取り得る方策を箇条書きで書きだします。最終的には、①～②の市場を調査することから着手するとしていますが、調査を踏まえて優先順位をつけ、現実的かつ成功しそうな打ち手を選択します。会社に余力があれば、二つの打ち手を同時に進めるのもよいでしょう。

Case Study

4

若手社員の離職を食い止めたい

次は「若手社員の離職率が高い」というケースについて見ていきましょう。まずは、1-2で「何が起きているのか？」という問いを立て、思いつく限りの項目を書きだしてみました。しかし、感覚的に現象面を書いているだけで、なかなかMECEに書きだすことができません。

そこで、視点をずらし、「マネージャー側」「メンバー側」の両面からMECE感覚でファクト（事実）を列挙することにしました。最初からマネージャー、メンバーになったつもりで書きだしていくのもよいですが、まずは思いつくままに列挙していき、後からグルーピングしていく方法もあります。グルーピングの際にも年齢で分けたり部署で分けたりと、分け方は一つではありません。

もっと言うと、「そもそも若手とはどの層を指すのか？」「辞めた理由はなんなのか？」という問い方もできると思います。

さまざまな視点から、起きていた出来事や当事者の思いなどと書きだすことで、新しい発見がもたらされやすくなるはずです。このケースでは、**「テレワークが原因で、マネージャーとの距離の取り方を計れない若手が増えている」**という問題を再設定できました。

▼「働きやすい職場」はどうやったらつくれるのか？

コミュニケーション不足が原因であるとわかれば、仕組みで解決できる余地が生まれます。改めて「ゴールイメージ」を設定した上で、**「コミュニケーションをうまくとるために何をしたらいいのか？」「コミュニケーションのよさはどのように評価できるのか？」**という問いを立てれば、社員の働きやすさを数値化するとか、社内に感謝や賞賛の文化を醸成するといった解決策を考えることができるでしょう。そこで、手始めに**1on1の実施から着手**することにしました（218～219ページ）。

「社員全員がイキイキとし、風通しの良い働きやすい職場になり、若手社員の離職率も下がる」というゴールイメージをもとに「どんな状態だったらイキイキしていると言えるのか?」という問いの立て方をするのも効果的です。

ほかに私が解決策を考えていくときには「他社でいい事例はあるか?」「ほかの部署でイキイキとしているところはあるか? そこではどんなことをしているか?」といった問いを立てると思います。

ところで、次ページのシートの3―1にある**「ほめほめシャワー」**という制度はご存じでしょうか。これは、**職場内の全員がお互いのよいところや感謝したいことを、ひたすら相手にシャワーを浴びせるように伝えまくる**という取り組みです。役職の上下は関係ありません。

最初はぎこちないところからのスタートになりますが、これを取り入れるとチーム内の関係性が一気によくなります。

たとえチーム内に多少反《そ》りが合わない人がいたとしても、その人のいいところだけを見るようになるので、嫌なところが気にならなくなったり、自分との違いを認めた上で「どうアプローチすればいいのか」と、考えられるようになるのです。

職場内の働きやすさを向上させたいという場合、ぜひ導入してほしい制度です。

2-1 問題の発見

テレワークが原因で、マネージャーとの距離の取り方を計れない若手が増えている（マネージャーとメンバーのコミュニケーション不足）

2-2 ゴールイメージ

社員全員がイキイキとし、風通しの良い働きやすい職場になり、若手社員の離職率も下がる

3-1 解決策の策定

- 社員の定性的なデータも数値化する（働きやすさ、居心地のよさ、仕事へのモチベーション、達成感、成長感、職場の人間関係…）
- 上司は部下のいいところを探し、ほめる
- マネージャーに1on1研修の後、部下と1on1を実施、本音で語り合える関係性を構築する
- 「ほめほめシャワー」制度を導入（互いに感謝し、たたえ合う風土を醸成）
- 会議の際は、冒頭5分を使って、仕事とは関係のない近況報告や、悩んでいることなどを打ち明ける時間に充てる
- 週に1度「Zoomランチ会」を実施し、テレワークメンバーとも雑談をして互いの状況を知る

3-2 何から始める

メンバーに職場の環境改善のため、1on1を実施することを伝える

問題解決１枚シート®

1-1 問題の仮設定

若手社員の離職率が高い

1-2 問題の深掘り〈Where? What? Why?〉

【立場ごとにFact(事実)を列挙】

(マネージャー側)

- 部下を見ず、上司の顔色ばかり窺っている
- 達成が困難な、厳しいノルマを課されているようだ
- マネージャーも、上司に叱責されてばかりいる
- テレワークがメインになり、メンバーのマネジメント法がわからずイライラしている？

(メンバー側)

- 業界的にも給料が低水準で、やる気が起きない
- マネージャーに、怒られてばかりいる
- 何か提言しようとすると、すぐ上司に否定される
- ミスや失敗をすると責められるので、挑戦がしにくい
- 自ら動いて失敗したくないので、上司からの指示待ちになりがち
- 上司の反応を気にしすぎ
- 本音が言えない
- メンバー同士で助け合うことがない
- ルーティンワークで、仕事が面白くない
- 活気がない
- メンバーの表情も暗い。笑顔がない

Case Study

5

コールセンターのつながり待ちを減らしたい

次は、コールセンター業務を運営している企業の問題解決です。最初に「コールセンターの電話がつながりにくい」という問題を書きだしました。

問題の深掘りでは、ロジックツリーを活用して問題を分解していきました。電話がつながりにくいのは、問い合わせの電話が増えているからなので、まずは「問い合わせが増えている原因はどこにあるのか？」と考え、サービス内容とコールセンターの2要素に分解します。

さらに下の階層では、細かく要素を分解しながら問題を掘り下げています。ポイントはWhy、What、Whereを組み合わせながら深掘りしているところです。

問題を分解した結果、「電話相談の約6割が、商品の使用に関するもの。マニュアルがわかりにくいのではないか？」と当たりをつけました。

そこで問題を再設定し、**「マニュアルを改訂し、かかってくる電話を5割に減らせば、つながり待ちのお客様の数も減らせる」**という「ゴールイメージ」を定めました。

解決策としては、「問い合わせが多い内容は解説動画をホームページに掲載する」「マニュアルをわかりやすいものにリニューアル」といった候補を書きだしました（次ページ）。

▼ロジックツリーを作ることを目的化しない

ロジックツリーは視点を多様にし、MECEに考えるという点では非常に有効なツールです。ただし、ロジックツリーを作ろうとすると手が止まってしまうという人は、まずは**箇条書きで気になる問題を書きだしてみて**ください。

箇条書きで書きだした内容は、ツリーの末端（右端）の要素に相当します。書きだしてから「マニュアル」や「商品」「オペレーター」に関するものをグルーピングしていき、階層を上げていくことでもロジックツリーを作ることはできます。

もちろんツリーを作ることがすべてではないですし、得意・不得意もあるので、**ツリーにこだわらなくても大丈夫**です。やりやすい方法で深掘りをしていきましょう。

2-1 問題の発見	電話相談の約6割が、 商品の使用方法に関するもの。 マニュアルがわかりにくいのではないか？
2-2 ゴールイメージ	マニュアルを改訂し、 かかってくる電話を5割に減らせば、 つながり待ちのお客様の数も減らせる

3-1 解決策の策定

- 問い合わせが集中している
「使い方に関する解説動画」を製作して、
HPに掲載してはどうか？

- 取扱説明書（マニュアル）をわかりやすいものに
リニューアルする

- 製作した解説動画のQRコードを、
取扱説明書に印刷する。HP上にもリンクを張る

3-2 何から始める	・使い方動画の撮影準備 ・使い方の簡易動画をつくり、コールセンターの オペレーターで共有、状況にに応じてお客様にも案内

問題解決１枚シート®

1-1 問題の仮設定

コールセンターの電話がつながりにくいと、クレームが増えている

1-2 問題の深掘り〈Where? What? Why?〉

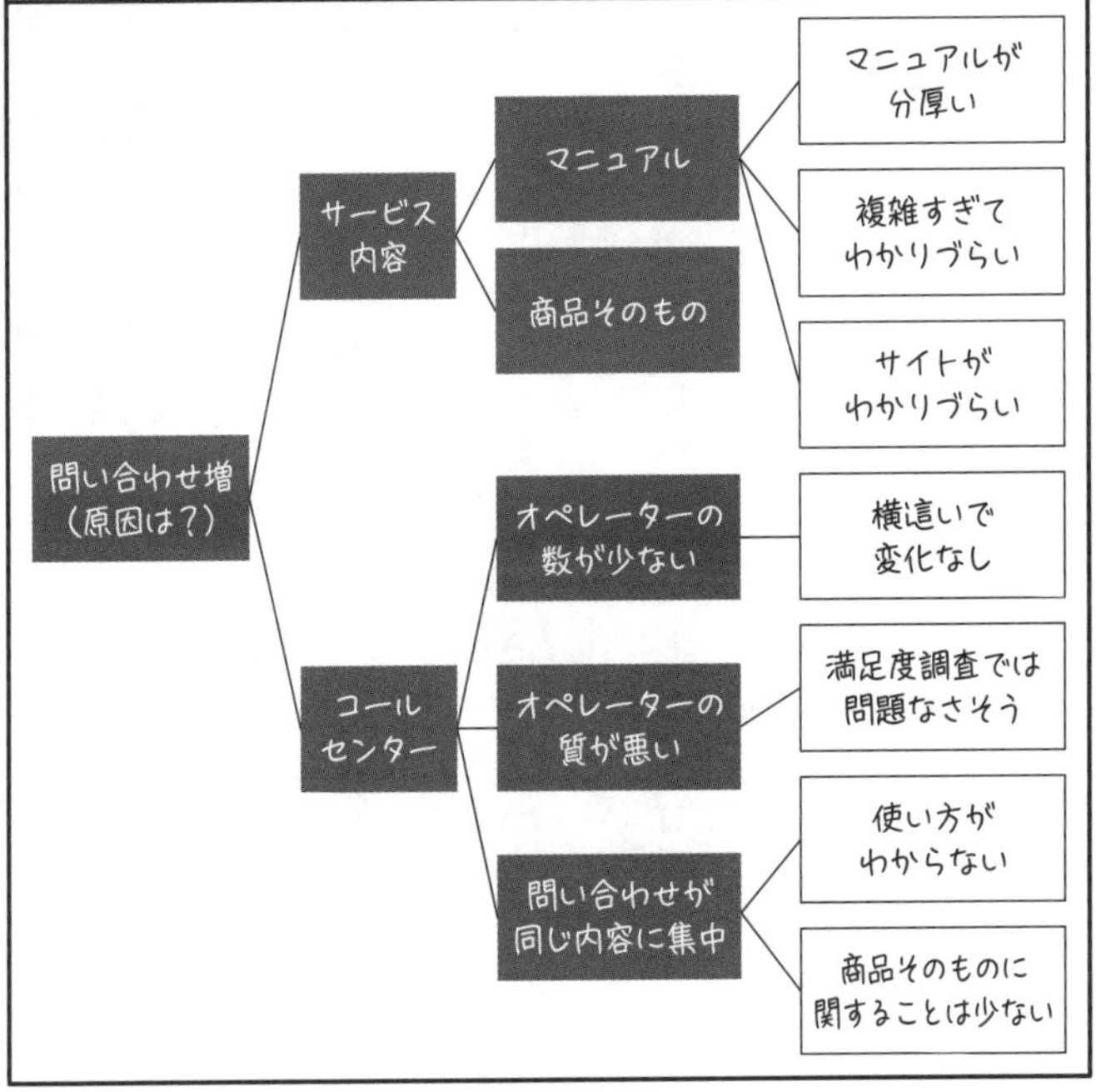

Case Study 6

ランチの稼働率が悪い飲食店を立て直したい

次は、飲食店（カフェダイニング）の問題解決です。問題は**「ランチの稼働率が下がっている」**というものです。

ここでは、問題をより構造的に分析するために**「PEST《ペスト》分析」**というフレームワークを活用することにしました。

ＰＥＳＴ分析は、マクロ環境（外部環境）が自社に与える影響を分析したい場合に使われることが多いフレームワークです。中長期的に自社・業界にかかわるマクロ環境を把握・分析し、マーケティング戦略に活かすために活用します。

ＰＥＳＴは次の４つの要素から構成されます。

①政治的要因（Politics）：法改正、規制緩和、税制、政治動向など

②経済的要因（Economy）：景気、株価、消費、物価、金利、経済成長など
③社会的要因（Society）：人口変動、流行、世論、ライフスタイルなど
④技術的要因（Technology）：IT、AI、IoT、インフラ、イノベーションなど

PEST分析では**変化に注目し、最新の潮流やトレンドをつかみ、自社に与える好影響や悪影響を分析します。**ただし、**今現在の出来事にとらわれるのではなく、中長期的な観点から今後の変化を予測する**ことも重要です。

具体的な使い方としては、PESTの4要素ごとにマクロ環境を書きだしていきます。このとき抜け、漏れがないように注意しましょう。書きだしたら、特に重要な項目を取り上げ、今後の対応を考えます。

▼ターゲットを外国人観光客に変えて、コンセプトカフェとしてリニューアル

この事例では、PEST分析により現状のまま日本人オフィスワーカー向けの飲食店として運営を続けるのは困難であることがわかりました（227ページ）。そこで、**2-1**「問題の発見」には**「コロナ禍で、テレワークを導入する企業が増えたことに**

2-1 問題の発見	コロナ禍で、テレワーク導入企業が増えたことにより、近隣のランチ人口が減っている
2-2 ゴールイメージ	ＳＮＳ映え×日本らしさを意識したコンセプトカフェとしてリニューアルし、訪日外国人観光客を取り込む

3-1 解決策の策定

- 訪日外国人観光客向けに、
  ＳＮＳ映え×日本らしさを追求した
  コンセプトカフェに業態変更
- ＳＮＳ映えするメニューを開発
- 外国人の人気YouTuberやTickTockerとコラボして、
  おすすめメニューをＳＮＳに投稿してもらう

3-2 何から始める	・外国人観光客に人気の飲食店を調査する ・外国人YouTuberの調査をする

問題解決１枚シート®

1-1 問題の仮設定

業態：飲食店（カフェダイニング）
ランチの稼働率が下がっている

1-2 問題の深掘り〈Where? What? Why?〉

【「PEST分析」を使って問題を深掘り】

Politics（政治的要因）
- **法律**（法改正、規制、緩和）
  コロナ禍で働き方改革が進み、**テレワーク、ワーケーション**などが企業・一般ビジネスパーソンにも浸透。店内飲食ではなく、**Uber Eats**などで注文した食事を自宅やオフィスで取る人が増えている

Technology（技術的要因）
- **IT活用**（IoT、AI）
  SNSを活用することで、広告宣伝費にお金をかけずとも、特定のターゲット層に向けて、認知を広げることができる

業界分析
- 企業によるテレワーク導入の影響で、オフィス街の労働人口が減っている近隣の飲食店は運営が厳しい。
- 物価高騰＋円安で、メニューや価格設定を見直す必要が出てきた
- SNS映え×日本らしさをMIXさせたメニューで外国人観光客に受け、行列ができている店がある

Economy（経済的要因）
- **物価**
  コロナ禍以降、輸入原材料費の高騰、石油をはじめとするエネルギー資源が高騰し、物価高が進む
- **円高、円安**
  円安傾向が続きそうだ

Society（社会的要因）
- **人口変動**
  少子高齢化により、労働人口が減少を続けている
- **流行、世論**
  コロナが一服し円安が進んだことで、**外国人観光客が増加。コト消費**が進む。中でも、**グルメ消費**が顕著でSNS戦略とうまくマッチした外国人で賑わう飲食店も

より、近隣のランチ人口が減っている」と記入しました。また、2－2「ゴールイメージ」には、「SNS映え×日本らしさを意識したコンセプトカフェとしてリニューアルし、訪日外国人観光客を取り込む」と掲げました（226ページ）。

PEST分析の「Society（社会的要因）」「Economy（経済的要因）」にもあるように、業界内で外国人観光客の支持を集めているお店があるほか、今後も円安・物価高などを背景にインバウンド需要が拡大することを考えると、SNSを積極的に活用し、外国人観光客に受ける店づくりへとシフトチェンジすることが賢明だと判断したのです。

実際に、日本にはSNSを通じて海外で有名になり、日本人がほとんど訪れないような町やお店に外国人観光客が集まるような現象があちこちで起きています。

そこで、3－1「解決策」には「SNS映えするメニューを開発したり、外国人の人気YouTuberやTickTockerとコラボして、おすすめメニューをSNSに投稿してもらう」と記入しました。

3－2は「何から始めるか?」という問いを立て、「外国人観光客に人気の飲食店を調査する」「外国人YouTuberの調査をする」という項目を書きだしました。

Case Study

7

職場の難しい人間関係をうまく解決したい

最後は、「人間関係」を取り上げましょう。皆さんの中にも同じ問題を抱えている人が少なくないと思います。1-1は「職場の人間関係に悩んでいる」と書きました。ここでは、**「なぜ上司・部下との人間関係がうまくいかないのか?」**と自問し、コミュニケーションに問題があることを確認しました。

次に、コミュニケーションがうまくいかないという問題の根っこを探るために、上司・部下を**タイプ分け**して分析します。

▼人間関係のトラブルは「タイプの違い」に起因している

人間関係の問題を探るときには、タイプ分けが一つの有効な手段となります。と言うのも、トラブルの多くはお互いのタイプの違いから起きていることが多く、タイプ分けをすることで、「自分と相手はタイプが違う」という理解が得られます。不快な感情から離れて、客観的に人間関係を築いていけるのです。

タイプ分けの種類はさまざまですが、ここでは8つのタイプで分類しています。**エモーショナル型、ロジカル型、リスク回避型、アイデア発想型、目的志向型、問題回避型、外的基準型、内的基準型**の8つです。

たとえば、ロジカル型は物事を論理的に捉える思考タイプであり、筋道を立てながら理解したときに納得感が高まります。これに対してエモーショナル型の人はフィーリングや共感を重視します。直感や好き嫌いで物事を判断する傾向もあります。

ロジカル型の上司とエモーショナル型の部下の組み合わせの場合、上司が「どうしてこうなったのか説明してくれる？」などと質問すると、部下は責められているように感じます。理屈で納得したい上司との間にすれ違いが生まれてしまうのです。

しかし、前もってお互いのタイプの違いを把握していれば、相手を受容した上で対処できるようになります。**「上司はロジカルに理解したいんだな。それなら、論理立てて説明すればいいんだ」**など、相手に合わせたコミュニケーションがとれるのです。

ちなみに、**外的基準型**というのは、わかりやすく言うと**ブランド好きな人**であり、**権威を重んじます**。外的基準型の人と接するときは、「私がこう思いました」と意見を提示するより、「他社はこうしています」「○○大学の教授がこういった見解を発表しています」といった**エビデンスを活用したほうが説得力が格段に増します**。

リスク回避型の人であれば、「これをしないと△△のようなリスクが想定されます」と言うことで、相手のイエスを引きだしやすくなります。

問題の深掘り段階では、**「普段、相手はどんな言葉に反応しているのか？」「コミュニケーションの傾向はどうだろうか？」**などと問いながら、タイプ分けを行います。同時に、自分自身のタイプを分析することも大切です。

その上で**2-1「上司・部下と自分で思考のパターンが違うことを理解していなかったので、相互にコミュニケーションがうまくとれていなかった」**という真の問題を発見できました。そこで、2-2「ゴールイメージ」では**「互いの思考パターンの違いを乗り越えて、コミュニケーションがとれるようになる！」**を掲げ、3-1「解決策」で、効果的なコミュニケーションをとるための方策を考えていきます（次ページ）。

2-1 問題の発見	上司・部下と自分で思考のパターンが 違うことを理解していなかったので、 相互にコミュニケーションがうまくとれていなかった
2-2 ゴールイメージ	互いの思考パターンの違いを乗り越えて、 コミュニケーションがとれるようになる！

3-1 解決策の策定

- 自分と相手とのタイプ／
  思考パターンの違いを認識して、
  相手のタイプに合わせて行動する
- 上司に対して、
  「自分の改善すべき点はどこでしょうか？」と、
  率直に聞いてみる
- 上司・部下とうまくやっている人にアドバイスをもらう
- 仕事の進め方を見直し、着手前に、上司（部下）と
  アプトプットのイメージをすり合わせる
  →期待値／内容／納期…

3-2 何から始める	自分と相手とのタイプの違いを知ろうとする

問題解決１枚シート®

1-1 問題の仮設定

職場の人間関係(イヤな上司、苦手な部下)に悩んでいる

1-2 問題の深掘り〈Where? What? Why?〉

- なぜ上司・部下との人間関係がうまくいかないのか？
  → コミュニケーションがとりづらい。
  話がかみ合っていない印象

- (何が問題の根っこか？)上司・部下のタイプを把握しているか？
  ✓エモーショナル型　✓ロジカル型
  ✓リスク回避型　✓アイデア発想型
  ✓目的志向型　✓問題回避型
  ✓外的基準型　✓内的基準型

- 一方、自分のタイプを把握しているか？
  → 上司・部下のどんな言葉に傷つくか？
  何を苦手にしているか？
  ✓エモーショナルタイプ　✓ロジカルタイプ

The 1 Sheet Thinking of Problem Solving

第5章

人生が豊かになる「問題解決1枚思考」

日常の疑問を大切にしよう

ここまでお読みいただいた読者の方はすでにお気づきだと思いますが、この「問題解決1枚シート」はビジネスだけでなく、プライベートの問題解決にも活用できます。そこで本章では、人生を豊かにするための問題解決1枚シートの活用法について、具体例を交えつつお伝えしていきたいと思います。

普段私たちは、日々の生活の中で疑問を持ったり、違和感を感じたりすることがあっても、無理やり自分を納得させてしまうことがあります。

「仕事がキツくて休みがとれない。転職したいけど、年齢的に厳しいだろうし、今さら転職活動も無理。我慢して生きていくしかないかな」

「疲れが溜まっているけど、年齢だからしょうがないか」

こんなふうに、自分の心にフタをして生活している人が多いのではないでしょうか。

理想を求めて大胆に変化するのが怖いという気持ちはよくわかります。不満であっても現状維持を選択してしまうのは、失敗したときの恐怖心があるからです。私たちの社会には「失敗するのは恥ずかしい」という価値観も浸透しています。

でも、世の中、一度の選択で成功か失敗が決まるなんてことは、ほとんど皆無に等しいといえます。うまくいかなかったとしても、それはたまたま解決策が違っていただけ。もう一度、問題を深掘りして、別の解決策を考えて実行すればよいのです。

今の〝常識〟が絶対的に正しいとは限らない

たった一度で成功しなければならないという思い込みは、捨てましょう。

そもそも、世の中に浸透している価値観だって、絶対的に正しいわけではありません。たとえば、一昔前までは徹夜をしてでも成果を上げるのが善とされていましたが、今では法律も改正され、残業をするのは生産性が低いという価値観が浸透してきました。環境や条件が変われば、正しさや善などは簡単に揺らいでしまうものなのです。

それなら、自分の疑問に耳を傾け、納得できる人生を追い求めたほうがよいはずです。

「自分はどうしたいか？」を考える

私たちは「世の中とはこういうもの」「理想と現実は別」という価値観に囲まれながら生きています。そこから抜けだすのは、決して簡単なことではありません。

でも、本心では不満に思いながら、周りの価値観に合わせてしぶしぶ生きていくのは本当に幸せだといえるのでしょうか。

自分の選択に自信を持ち、幸せに生きるためには、つねに「自分は本当はどうしたいのか」を自問自答することが大切です。

そして、自分が大切にしたいことを理解した上で、その理想と現状とのギャップを埋めるために、どうすべきか、今何をすればよいのかを考えればいいのです。

人生の問題解決には、シンプルでワクワクできる問いを投げかける

私がコーチングしていた女性の例をお話ししましょう。

彼女は「婚活をしているのに、なかなかいい人に出会えない」という悩みを抱えていました。

彼女はキャリアもあり、ポジティブな性格で、人当たりもよくてとても魅力的です。客観的には婚活に苦労しそうなタイプには見えません。私は直感的に「今の彼女は、本当は心から結婚を望んでいるわけではないのかも？」と感じました。

そこで、彼女に対して次のような問いを投げかけてみました。

「もし、まだ結婚をしないという選択をしたら、どんなことをしてみたい？」

「本当にやりたいことって何？」

すると、彼女の表情が一瞬にして晴れやかになり、やりたいことを次々と語ってくれたのです。つまり彼女は、「このくらいの年齢になったら結婚するのが普通」とい

う価値観にしたがって、なんとなく婚活を始めたものの、実際には結婚を望んでいたわけではなかったのです。本心から結婚を望んでいないのに、婚活に身が入るはずはなく、そんな状態でふさわしい相手に出会えるはずもありません。

このとき、私が彼女と一緒に「どうすればいい人に出会えるか」を深掘りしていたとしたら、きっと彼女が満足できる解決策を導くことはできなかったでしょう。「本当はどうしたいか？」という本質的な問いこそが、問題解決につながるのです。

人生の問題解決を考える際は、シンプルでワクワクできるような問いを立てるとよいでしょう。

たとえば「何があれば楽しく生きられる？」という問いを立ててみる。あるいは、「どれだけお金を積まれてもやりたくないことは何か？」を自問自答して、やりたくないことを避けていく方法もあります。

シンプルに自分に問い続けていけば、人生が望ましい方向に変化していくはずです。

日記を書くように書きだす

プライベートな悩みで問題解決1枚シートを活用するときも、基本的に使い方の流れは同じです。ただ、プライベートでは**日記を書くようなイメージで書いてみる**のをおすすめします。難しいことは考えず、まずは自分が気になっていることを軽く1行で書きだします。

「義理の母がウザい」でも「親の介護が大変」でも、「子どもが言うことを聞かない」でもかまいません。とにかく**モヤモヤを文字にする**のです。

次に、その問題について気になっていることを箇条書きにしていきましょう。**「何が気になっている？」**と自問すると、頭の中で思い浮かぶつぶやきがあります。そのつぶやきを書きだすことがとても重要です。

たとえば、「体が疲れている」という悩みに対して、「何が気になっている？」と考

える と、睡眠時間が短いとか目がショボショボするとか、階段がつらいとか、いろいろ思いつくことがあると思います。

とにかく思いつくままに書きだしていけばよいのです。5分くらいで書きだした後、とりあえず**一番気になっていることを真の問題として設定**してみてください。

書くだけで、悩みは「問題」に変わっている

実際に箇条書きをしている時点で、頭の中がクリアになり、気分がスッキリする人も結構います。書きだすことで、悩みが「問題」に変わり、対処法を考えるステージに移行できるからです。

人が悩んでいるときは、頭の中でモヤモヤしているだけで、堂々巡りが続いています。問題解決を考えているのではなく、同じようなところを行ったり来たりしているだけ。しかし、問題を書きだしていくと**「悩むこと」から「考えること」へのシフトチェンジ**が起きます。解決したい問題が明確になり、それを解決したあかつきの「ゴールイメージ」や「解決策」を思考できるようになるからです。

とにかく、**悩んだら書きだす**。この原則を忘れないようにしてください。

Case Study

8

キャリアチェンジのために「転職」か「独立」をしたい

では、プライベートの問題解決の事例を見ていきましょう。

最初はキャリアに関する問題です（次ページ）。このシートの作成者は今の仕事に先行きの不安や待遇面での不満があり、キャリアチェンジを図りたいと思っていましたが、具体的にどうしたらいいかわかりません。そこで、**「今よりも収入を上げたい。転職と独立のどちらが自分に向いているかわからない」**という問題を書きだしました。

1-2「問題の深掘り」では**「今、何に一番悩んでいる？」「収入はいくら欲しいのか？」「不満に思っていることは？」「どんな仕事をしたいのか？」**という問いを通じて、いろいろな視点から問題を掘り下げていきました。

その結果、本当は仕事のやりがいや感謝を求めていたのであり、自分の欲求不満を会社や上司のせいにしていたという気づきがもたらされ、**「仕事に誇りを持ち、充実**

Case Study 8

2-1 問題の発見	収入云々ではなく、今の仕事に誇りと働きがいを感じられないことが不満。やりがいが欲しい！
2-2 ゴールイメージ	仕事に誇りを持ち、充実した人生を送る

3-1 解決策の策定

- 配置転換をして、時間の融通が利く部署に異動し、定時に上がれるようにし、プライベートの時間を確保する
- プライベートの時間でボランティア活動をしたり、副業やプロボノ活動をして、人の役に立つ
- 社内で若手や有志を誘って、「勉強会」を立ち上げ、社内コーチとして若手を指導する

3-2 何から始める	・地元の「プロボノ」を検索して、応募する ・社内勉強会のニーズがあるか、若手社員に声をかけてみる

問題解決１枚シート®

1-1 問題の仮設定

今よりも収入を上げたい。
転職と独立のどちらが自分に向いているか、わからない

1-2 問題の深掘り〈Where? What? Why?〉

・今、何に一番悩んでいる？
→　仕事が充実していない。
本当に、自分のやりたいことじゃない

・収入はいくら欲しいのか？
→　実は、収入は今のままの水準でもいい
生活することに困らなければ十分

・不満に思っていることは？
→　会社が、自分のことを評価してくれないこと
社内の雰囲気が殺伐としており、
自分が貢献できている気がしないこと

・どんな仕事をしたいのか？
→　やりがいのある仕事。人の役に立つ仕事
人から感謝される仕事…

自分の欲求不満を、
会社や上司のせいに
していただけかも!?

した人生を送る」という「ゴールイメージ」を設定することができました。

こうなると、必ずしも転職をしなくても自分の時間を充実させる方法はあります。社内で配置転換をしてもらうという方法もありますし、副業やプロボノ活動（専門的な知識やスキルを活用した社会貢献活動）に取り組むという道もあります。

▼拡大質問で〝思考の範囲〟を広げる

私がコーチだとしたら、ここで「なんでもできるなら、本当は何をしたい？」「何をしているときが一番楽しい？」という問いをすると思います。あるいは「あと1年しか生きられないとしたら何をする？」という究極的な質問をするかもしれません。こういった質問は拡大質問と呼ばれるものであり、思考の範囲を広げる効果があります。

転職か独立かという場合、思考が狭い範囲に限定されています。だから、問いを通じて思考を広げるのです。そうすると、「べつに辞める必要はなかったな」「趣味で楽しめばいいいんじゃないか」といった気づきを得られる可能性があります。

大切なのは、幸せの源泉を明確にすることです。「自分にとって何をすることが幸せなのか？」を問えば、満足のいく解決策にたどり着けると思います。

Case Study 9

大型犬と一緒に暮らせる家に引っ越したい

次は、住まいに関する問題を取り上げましょう。

1-1で仮設定した「問題」によると、「大型犬が飼える家に引っ越したい。戸建て/マンションで悩んでいる」とあります（251ページ）。

しかしここでも、すでに「戸建てかマンションか」という発想にとらわれていることが、問題解決を難しくしています。**二択で悩む場合は、たいてい思考が縛られているる**のでしたね。そこで、問題を深掘りするときには、いったん制約を外して問いかけることが重要です。

「そもそもどうしたいの？」「なんでもできるとしたら、何をしたい？」という問いによって、自分の理想を書きだしていくのです。

理想を書きだしていき、さらに戸建てやマンションと理想との兼ね合いを考えていいくと、「べつに今ある戸建てやマンションから選ぶ必要はないんだ」という**第三の選択肢**を発見できるかもしれません。

実際に、戸建てやマンション以外で大型犬と暮らす事例を探してみると、ドッグラン付きのコーポラティブハウスがあり、それを手がけている会社もあるとわかりました。コーポラティブハウスとは、入居を希望する世帯が集まって、建築家を交えて共同でつくる集合住宅のことです。そういった会社に連絡をすると、何か有益な情報が得られる可能性があります。

最終的にこのシートの作成者は、自分でコーポラティブハウスを建てるという前提で、趣旨に賛同してくれる仲間集めから着手するという結論を導きました。

▼AかBかよりも「両立」、もしくはCという「第三の選択肢」を探す

解決策だけを見ると、何やら非現実的に思えるかもしれませんが、実はそうでもありません。

今の時代はシェアリングエコノミーが急速な勢いで浸透しています。シェアリング

エコノミーとは、個人が保有する有形無形の資産を、インターネットを介して他人に提供したり共有したりする新しい経済のかたちのことです。

かつてはいいクルマ、いい家、ブランド品などを〝所有する〟ことが一つのステイタスでしたが、今は〝持たない暮らし〟を実践する人も増えています。自分の家を所有することが必ずしも理想とは言えなくなっているわけです。

価値観は多様化し、それに応えるように選択肢も多様化しています。人生の選択をするときには「Aであるべき」「AかBのどちらか」という狭い思考をするのではなく、「AとBを両立できないか」「Cという選択肢はないのか」という観点で問題解決を進めていきましょう。

2-1 問題の発見	大型犬と一緒に暮らせる、 理想的な住居が見つからない
2-2 ゴールイメージ	ドッグラン付きのコーポラティブハウスで 犬中心の幸せな生活を築く

3-1 解決策の策定

- 「犬好き」という共通の趣味・価値観を持つ仲間を募って、共同出資形式で「コーポラティブハウス」を建てる
- 中庭にドッグランを設け、24時間利用できるようにする
- 基本的に犬飼いか、犬好きであることが、条件

3-2 何から始める	・趣旨に賛同してくれる仲間を募る ・事業者を探す ・すでに募集中のプロジェクトがないか探す

問題解決１枚シート®

1-1 問題の仮設定

大型犬が飼える家に引っ越したい
戸建て／マンションで悩んでいる

1-2 問題の深掘り〈Where? What? Why?〉

- 自分の理想とする住まいが、
賃貸ではなかなか見つからない
→どんな家に住みたいのか？
大型犬が飼育できる環境＝足洗い場や簡易的なドッグランを併設／近隣に大きな公園など、緑に囲まれた環境／広々として、犬にストレスを与えない／気密性・防音性があり、犬の鳴き声が近隣の迷惑にならない／近所で犬同士のつながりや飼い主同士のコミュニティーも持ちたい／郊外ではなく、通勤に便利な都内がいい…
- 戸建て
→都内で敷地面積を大きく確保しようとすると、
億超えになり、手が出せない
- マンション
→大型犬飼育可の物件がほとんどない。
→引っ越すまで、隣人に大型犬飼育への
理解があるかどうかがわからない。

↓

完全に希望を叶えるのは難しそう…

Case Study

10

結婚10周年にあたって、妻に感謝の贈り物をしたい

次は、もう少し身近な事例を見ていきましょう（254〜255ページ）。

取り上げるのは**「結婚10周年を迎えるにあたって、妻へのプレゼントに悩んでいる」**という問題です。

この手の問題を考えるとき、多くの人は「自分がどうしたいのか？」という視点で考えてしまいがちです。妻のためとは言いながら、実際には自己満足のために何かをしようとすることが多いのです。ですから、問題の深掘りをするときには**「妻は何を望んでいるのか？」「妻が気になっていることは何か？」「妻の悩みはなんだろう？」**といった問いを立てることが大切になります。

そもそも「結婚10周年だから何かプレゼントする」という発想から、根本的に問い直す必要があります。

妻はプレゼントをもらうより、現金を受け取って自分が好きなものを買いたいと思うかもしれません。あるいは、自分（夫）が趣味にお金をかけすぎているのを苦々しく思っている可能性もあります。その場合は、自分が趣味をセーブすることが一番のプレゼントになるでしょう。

ほかには、もっと家事や育児にかかわってほしいと望んでいるかもしれないですし、タバコをやめてほしいと願っているかもしれません。

▼妻の抱えている問題や、やってほしいことをきちんと把握できているか？

いろいろ書きだした結果「妻のニーズがわかっていない」ことが問題だと気づき、夫婦円満になるという「ゴールイメージ」に向けて解決策を考えることにしました。

たとえばコミュニケーションの機会をつくってニーズを聞きだす方法や、一緒に買い物や食事に出かけて欲しいものを確認する方法などが考えられるでしょう。

最終的に、「妻に今度の休みの予定を聞いてみる」ところから始めると決めました。

小さな働きかけですが、意外とこんなちょっとした実践から夫婦関係がよりよいものになっていきます。ぜひ、このようなシートの使い方も試してほしいと思います。

2-1 問題の発見	妻のニーズがわかっていない
2-2 ゴールイメージ	日頃の感謝の気持ちを伝えて、 夫婦円満に！

3-1 解決策の策定

- コミュニケーションをとって、ニーズを聞きだす
- 買い物（食事）に誘って、そこでお礼を伝えながら、欲しいものを聞いてみる

3-2 何から始める	今度の休みの予定を聞いてみる

問題解決１枚シート®

1-1 問題の仮設定

結婚10周年を迎えるにあたって、
妻へのプレゼントに悩んでいる

1-2 問題の深掘り〈Where? What? Why?〉

- 妻が何を欲しがっているのか、
  何をしたら喜ぶのかがわからない
  →さりげなく、最近困っていることがないか、
  欲しいものがないかを聞いてみる？

- 日頃から、感謝の気持ちを伝えきれていなかった
  →アクセサリーに10年分の感謝の気持ちを込める？

- 家事や子育てを任せきりで、疲れているかもしれない
  →エステ券をプレゼントして、感謝と慰労を込める？

- 年々、自分(夫)への不満が多くなっているかも
  →せめて嫌がっているタバコをやめる？

Case Study

11 いつも疲れていてパフォーマンスが上がらない

最後は、健康面について「つねに疲れており、体がだるく、パフォーマンスも落ち気味……」という問題を抱えている人の事例です（258〜259ページ）。

問題の原因を探るために「何が気になっている？」「なぜ疲れているのか？」「何がそうさせている？」といった問いを立て、気づいたことを書きだしていきます。

まずはとにかくリストアップしていき、後から「外的要因」「内的要因」の2軸で原因を分類してみました。外的要因は仕事などの自分を取り巻く環境面、内的要因は自分個人にかかわることを意味します。

分析の結果、内的要因である睡眠不足が疲れの最大の原因であるらしいと突き止めることができました。とは言え、内的要因と外的要因は完全に切り離されているわけではありません。仕事量が多く、残業続きで睡眠不足が起きているとも言えるからです。解決策を考えるときには、外的要因についてもフォローする必要があるでしょう。

▼睡眠は「量」と「質」の2つを確保する

ここでは**「睡眠の『量』と『質』が落ちているため疲れがとれていない」**という問題を再設定し、「ゴールイメージ」には**「睡眠の『量』と『質』を上げ、体力回復に努める」**と記入。どうすればゴールイメージを実現できるかを考え、解決策を書きだしていきます。

「睡眠時間を確保する方法は？」「どうすれば、いい睡眠がとれるの？」などと自問した結果、いろいろな解決策候補をピックアップできました。

その中で、**「職場のメンバーに仕事を振って仕事量を減らす」「寝る前のアルコール、SNSをやめて、24時前には就寝する」**ところから始めることにしました。

いかがでしょうか。**仕事もプライベートも問題解決のアプローチは同じ**であることがおわかりいただけたのではないでしょうか。

問いを重ねて真の問題を突き止めさえすれば、やるべきことは明確です。そうすれば私たちはどんな問題であろうと、解決に向けて確実に前進することができるのです。

2-1 問題の発見

睡眠の「量」と「質」が落ちているため
疲れがとれていない

2-2 ゴールイメージ

睡眠の「量」と「質」を確保し、
体力回復に努める

3-1 解決策の策定

【量の確保】
- 職場のメンバーに仕事を振って仕事量を減らす
- 夜、テレビをダラダラ観るのをやめる

【質の確保】
- マットや枕などを買い替えてみる
- 寝る前のアルコール摂取、SNSチェックをやめる
- シャワーだけでなく、湯船につかるようにする
- 寝る前にラベンダーなどのアロマを焚いて、心身を落ち着ける
- 瞑想をする
- 週に2回程度運動をして、血流をよくする
- 睡眠外来を受診する
- 睡眠サプリやCBDオイルなどを試してみる

3-2 何から始める

- 職場のメンバーに仕事を振って仕事量を減らす
- 寝る前のアルコール、SNSをやめて
  24時前には就寝する

問題解決１枚シート®

1－1 問題の仮設定

つねに疲れており、体がだるく、
パフォーマンスも落ち気味……

1－2 問題の深掘り〈Where? What? Why?〉

・なぜ疲れているのか？

①外的要因
- 仕事のストレス
- 仕事量が多く、納期も厳しいため残業しがち
- 責任が重く、プレッシャーになっている
- 通勤が大変

②内的要因
- 就寝が夜中の１時を過ぎることがほとんど
- 睡眠時間がとれておらず、疲労が蓄積している
- 寝る前にお酒を飲まないと寝付けない
- 寝る前にスマホでＳＮＳをチェックしてしまう
- 夜中に目覚めることが多く、
  睡眠の質が落ちている

おわりに――究極の目標は「問題解決0枚思考」

生きていれば、誰だってさまざまな悩みに直面します。仕事がうまくいかなかったり、人間関係がこじれたり、病気やケガをしたり……。

悩みや問題の発生を回避することはできませんが、皆さんにぜひ知っておいていただきたいのは、**私たちには問題を解決する力が備わっている**ということです。

悩むことと考えることは違います。悩んでいる限り、問題を解決することはできません。私が悩みを抱えていると言う人に「じゃあ、あなたは解決のために何をしていますか?」と問うと、実はきちんと答えられないケースがほとんどです。要するに、**悩みの正体がわからないまま、問題について考えようともせず、モヤモヤした感情を抱えているだけ**なのです。特に、自信がない人ほど、無意識のうちに自ら進んで悩みを抱えようとします。なぜなら、自分に問題解決する力なんてないと決めつけているから。自分を信じていない＝自信がないのです。

しかし、問題について考え、解決できたり小さな成果を出したりすれば、「なんだ、私も問題を解決できるんだ」という自信を持つことができます。そんな自信を持つきっかけをつくってほしいとの思いから、私はこの「問題解決1枚シート」を考案・開発しました。ぜひ、皆さんもこの問題解決1枚シートを使って、まずは小さな問題解決から取り組んでみてください。何回も繰り返すうちにシート活用のコツが身につき、大きな問題も解決できるようになるはずです。

最終的には、いちいちシートに書きださなくても頭の中で問題を深掘りし、解決策まで考えられるようになります。この状態を私は**「問題解決0枚思考」**と呼んでいます。このレベルになれば、悩みを抱えてもすぐに対処することにシフトできます。何が起こっても即断即決で解決でき、悩んでいる時間がほとんどなくなります。

実際、私が主宰する働き方デザイン塾「GIFT」の仲間である、Kenさん、まいこさん、ひかるさん、かのさん、タカダさん、としさん、ゆみこさん、りえさん、たかしさんもこのシートを使って次々に問題を解決し、人生を大きく変えてきました。

読者の皆さんが本書の「問題解決思考」を身につけることで、悩みに貴重な時間を奪われることなく、充実した人生を送ってくださいますことを心より願っています。

大嶋 祥誉

「問題解決１枚シート®」

■記入シート（ブランクシート）
■思考を刺激する「問いリスト」
データ送付のご案内

本書でご紹介した「問題解決１枚シート®」は、著者の大嶋祥誉が独自に考案・開発したビジネスフレームワークです。本書を参考にしていただくことで、仕事や人生のあらゆる問題を、よりスムーズに、効率よく解決することができるようになります。

本書の購入特典として、どなたでもご自由にお使いいただける「記入シート」と「問いリスト」をご用意しました。

下記のURLで、簡単なアンケートにお答えいただくとデータを受け取れます。

データのお受け取りはこちら▼

https://forms.gle/ShBHan7yMRK6Djsf9

問題解決１枚思考制作サポーター（働き方デザイン塾「GIFT」メンバー）
池田健一／井磧舞子／サウナーのひかる／鹿野明律／高田和樹／とし／平井由美子／宮川梨恵／渡辺孝志　（敬称略、五十音順）

ＡＩ《エーアイ》を超《こ》えたひらめきを生《う》む
問題解決《もんだいかいけつ》１枚《いちまい》思考《しこう》

著　者——大嶋祥誉（おおしま・さちよ）

発行者——押鐘太陽

発行所——株式会社三笠書房

〒102-0072 東京都千代田区飯田橋3-3-1
電話：(03)5226-5734（営業部）
：(03)5226-5731（編集部）
https://www.mikasashobo.co.jp

印　刷——誠宏印刷

製　本——若林製本工場

ISBN978-4-8379-2961-1 C0030